U0582909

中国消费大数据研究院文库

主　编：柳学信　陈立平

中国中小型零售商
自有品牌发展报告（2020）

王紫薇　邱　琪　著

Private Brand Development Report for Small and
Medium Sized Retailers in China（2020）

经济管理出版社
ECONOMY & MANAGEMENT PUBLISHING HOUSE

图书在版编目（CIP）数据

中国中小型零售商自有品牌发展报告.2020／王紫薇，邱琪著.—北京：经济管理出版社，2021.7

ISBN 978-7-5096-8113-8

Ⅰ.①中… Ⅱ.①王… ②邱… Ⅲ.①零售业—品牌战略—研究报告—中国—2020

Ⅳ.①F724.2

中国版本图书馆 CIP 数据核字（2021）第 135885 号

组稿编辑：李红贤

责任编辑：魏晨红

责任印制：黄章平

责任校对：董杉珊

出版发行：经济管理出版社

（北京市海淀区北蜂窝 8 号中雅大厦 A 座 11 层　100038）

网　　　址：www.E-mp.com.cn

电　　　话：(010) 51915602

印　　　刷：唐山玺诚印务有限公司

经　　　销：新华书店

开　　　本：710mm×1000mm /16

印　　　张：12

字　　　数：205 千字

版　　　次：2021 年 7 月第 1 版　　2021 年 7 月第 1 次印刷

书　　　号：ISBN 978-7-5096-8113-8

定　　　价：78.00 元

·版权所有　翻印必究·

凡购本社图书，如有印装错误，由本社读者服务部负责调换。

联系地址：北京阜外月坛北小街 2 号

电话：(010) 68022974　　邮编：100836

中国消费大数据研究院文库

主　　编：柳学信　陈立平

编委会成员：（按姓氏拼音排序）
　　　　　　陈立平　符国群　傅跃红　郭国庆
　　　　　　黄苏萍　柳学信　牛志伟　彭建真
　　　　　　王成荣　王永贵　杨世伟

总 序

消费是最终需求，是经济增长的持久动力。我国人均 GDP 已经达到中等发达国家水平，中国整体消费水平不断提高。国家统计局公布的 2020 年国民经济运行情况显示，我国居民最终消费率接近 55%。但不论与美、法、日等发达国家相比，还是与俄罗斯、巴西、波兰等与中国人均 GDP 相近的国家相比，中国的居民消费率均偏低，表明我国居民合理的消费需求并未得到很好的满足。需求不足成为制约我国经济高质量发展的主要原因之一。要想打通制约经济增长的消费堵点，增强消费对经济发展的基础性作用，需要满足居民消费升级趋势，逐渐完善促进消费体制机制，不断优化消费环境，形成强大的国内市场，逐步构建新型消费体系，通过消费升级引领供给创新，更好地发挥消费在双循环新发展格局中的基础性和引领性作用。

随着万物互联和移动互联网等成为当下颇具影响力的时代变革力量，大数据也成为企业的重要资产组成和推动行业变革发展的核心要素。数字经济和互联网已经重构了零售行业的产业结构和商业模式。如何更好地利用大数据为零售行业发展赋能，是构建新型消费体系的关键所在。一方面，在数字化的推动下，零售行业的新模式和新业态不断涌现，企业迫切需要发展新的商业模式。另一方面，零售业的核心竞争力在于能否理性洞察并满足消费者的各项需求。通过大数据的技术手段，与目标用户建立更深刻的联系，更好地满足消费者不断升级的需求。

当前我国零售行业正在发生着深刻的变革。零售行业如何结合大数据技术实现商业模式转型，增强核心竞争力，从而更好地满足消费者不断变化和升级的需求？如何融合市场驱动和大数据技术发展提供的无限可能性，通过我国有为政府的政策引领和支持，实现消费对我国经济社会高质量发展的引领和驱动作用？这不仅是零售行业面临的挑战和机遇，也是中国新时期亟须解决的重要问题。在此背景下，首都经济贸易大学和蚂蚁商业联盟于 2019 年发起成立了中国消费大数据研究院（China Institute of Consumption Big Data），通过结合蚂蚁商业联盟的商业化数据优势和首都经济贸易大学的科研优势，对蚂蚁商业联盟成员企业的大数据资源进行分析和研究，揭示中国社会消费发展的趋势和规律。中国消费大数据研究院作为联结企业、高校和政府的纽带和中枢，致力于建设中国零售行业大数据创新平台，实现研以致用，服务于我国零售行业管理实践和政府决策咨询。中国消费大数据研究院构建了以理事会和学术委员会为主要架构的治理机制，制定了《中国消费大数据研究院理事会章程》和《中国消费大数据研究院专家委员章程》等重要文件，完善了中国消费大数据研究院的组织架构、规划以及工作计划、科研项目管理办法、科研经费管理办法、科研奖励管理办法等制度建设，并根据研究方向和工作安排下设行业发展研究中心、生鲜标准制定中心、自有品牌研究中心、零售指数开发中心、案例与理论研究中心、人才发展培训中心共六个研究中心。来自首都经济贸易大学从事企业管理、市场营销、财务金融、大数据和统计相关领域的教授、副教授、讲师、博士后和研究生以及校外从事零售和大数据领域相关专家共计50多人投入到中国消费大数据研究院的各项工作中。

自成立以来，中国消费大数据研究院陆续发布了《中国自有品牌发展年度研究报告》《中国社区商业发展年度报告》等一系列有社会影响力的报告。特别是新冠肺炎疫情暴发后，2020年我们组织科研力量研究和发布了《疫情对中国社区商业的影响》报告，为行业发展和政府决策提供了重要参考和指引。同时，我们也通过中国消费大数据研究院创新平台，打通高校人才培养和科学研究与社会发展和企业实践的隔阂，将社会需求和技术发展融入我们的人才培养过程，通过提供研究数据和案例让我们的学术研究更好地服务于国家战略和社会需求。目前，中国消费大数据研究院已经成为首都经济贸易大学工商管理学科服务中国商业发展的高端智库以及培养专业人才的重要平台。作为国内首家专门致力于消费大数据研究的平台，中国消费大数据研究院连续举办了多次高水平学术研讨会，促进政府、研究机构、行业和企业之间的沟融和交流，更好地服务于我国零售行业的高质量发展。2021年7月，依托中国消费大数据研究院，中国高等院校市场学研究会专门成立零售管理专业委员会，进一步团结高校从事零售领域教学与研究的学者和研究机构，开展学术和教学方面的交流。未来，中国消费大数据研究院将继续深耕学术研究，持续发挥智库作用，推动政、产、学、研深度融合，推动中国零售行业健康发展，为促进中国经济高质量发展贡献力量。

首都经济贸易大学工商管理学院院长

中国消费大数据研究院院长

柳学信

序 一

发展自有品牌是零售企业提高服务质量、降低运营成本、塑造品牌特色的重要途径。相较于传统的制造商品牌，自有品牌更贴近用户，更能准确地把脉市场动向，满足顾客需求。在日本及欧美等国家，高市场占有率以及高利润率使自有品牌模式成为零售企业的竞争利器。近年来，我国自有品牌开发的成功案例屡见不鲜，例如，小米构建了电子产品类的自有品牌，成为物联网产业龙头；网易通过网易严选构建了成熟完善的电商类自有品牌，加强了其对互联网用户的黏性。相较而言，我国零售企业由于长期依赖来自供应商的"入场费"盈利模式，使自有品牌的发展基础薄弱，增长一直比较缓慢。

近年来，在蚂蚁商业联盟这种新兴的自愿连锁组织的推动下，零售自有品牌开发方兴未艾。自有品牌开发作为企业战略逐渐被企业重视，特别是在新冠肺炎疫情促使消费者购买行为发生变化的背景下，以及社区团购对实体超市的剧烈冲击下，许多企业迫切需要通过商品差异化和高性价比建立起"商品护城河"来对抗线上竞争，稳住发展的基本盘。

本书从多重视角入手，对新冠肺炎疫情冲击下的零售行业自有品牌开发现状和问题进行了全面的分析，并基于大数据分析和企业调查回答了自有品牌对谁来消费、为谁消费、消费了什么、什么时间消费、在哪里消费、偏好什么品牌、怎样来宣传、怎样提高销量等企业关心的最基本的问题，提出了零售企业自有品牌开发未来的发展方向。

2019年6月，由首都经济贸易大学与蚂蚁商业联盟共同发起的"中国消费大数据研究院"在北京成立。研究院成立以来，基于蚂蚁商联在全国24个省份的66家（截至2020年3月）成员企业的自有品牌销售数据展开研究，至今已经连续两年向全国发布了《中国自有品牌发展研究报告》。本书是基于2020年上半年消费行为变化和零售企业战略调整而撰写的自有品牌分析报告，紧扣时代热点，以自有品牌开发为主题，进行了多角度研究分析。作为零售营销的研究者之一，我希望该报告为目前零售业的转型和创新提供可参考的借鉴。

　　本书的作者王紫薇、邱琪两位研究者在市场营销领域有着非常出色的研究积累。近年来她们基于大数据对我国零售自有品牌开发有深入的研究，可以说是目前我国自有品牌开发领域理论研究的领先者。我特别期望该研究成果能够为迷茫中的中国实体零售业的转型和创新提供新的思路和解决方案，并促进自有品牌开发事业在中国的健康发展。

　　　　　　　　　　　　　　首都经济贸易大学工商管理学院教授
　　　　　　　　　　　　　　中国消费大数据研究院执行院长
　　　　　　　　　　　　　　陈立平

序 二

　　当今时代，中国的中小型零售商正处于机遇和挑战共存的发展变革期。中国三、四线城市正在释放出巨大的消费潜力，为中国诸多中小型零售商的发展创造了机会。与此同时，中小型零售商也在面临越来越多的竞争压力，如大型零售商在不断扩张，电商发展迅猛，新业态、新产品、新的传播方式层出不穷。为了谋求生存和发展，很多中小型零售商开始关注和尝试自有品牌的开发。但是，在商业实践的过程中，中小型零售商在开发自有品牌时掣肘之处尤多，它们资源有限，议价能力不强，难以获得规模优势。这些限制使一大部分中小型零售商对自有品牌望而生畏，也让诸多投身于自有品牌开发的企业折戟沉沙。

　　为了解决中小型零售商开发自有品牌的瓶颈问题，2017 年全国 6 省份 12 家中小型连锁零售商共同发起成立了蚂蚁商业联盟，希望结合多方力量共同推进自有品牌的研发和运营。截至 2020 年 12 月，蚂蚁商业联盟的成员企业达到 66 家，分布在全国 26 个省（自治区、直辖市），年销售额达到 800 亿元，成为中国最具成长力的公司化运营的紧密型联盟组织。蚂蚁商联自成立以来先后开发了"我得""极货""争牛""约一下""功本""即畅"和"饕厨"七个自有品牌，通过严把关、选精品、用优材、降成本，做到为商品发声、让经营落地。为提升自有品牌产品的影响力，全力以赴地迎接这个属于自有品牌的最好时代，就要对自有品牌发展现状及所存在的问题进行深入思考，找出切实可行的解决方案。

　　首都经济贸易大学工商管理学院与蚂蚁商业联盟联合成立的中国消费大数据研究院，对于我国自有品牌发展尤其是中小型零售商的自有品牌发展现状进行了长期观察与深入分析，并将研究结果撰入本书。本书重点关注了中小型零售商的自有品牌开发情况，具有明确的现实意义和实践价值。为中国零售行业自有品牌发展提供了新的思路，为中小型零售商的自有品牌营销决策提供了宝贵意见，也为关注这一领域的相关人员提供了有效借鉴。希望本书的出版能够让更多的企业家和学者关注、帮助和支持中小型零售商的自有品牌开发与管理。

蚂蚁商联董事长　吴金宏

2021 年 3 月 1 日

前　言

　　自有品牌的发展是零售行业近代的重要变革之一。自有品牌是指零售商自己开发并自己销售的属于自己的品牌，是零售商获取市场力量的重要途径，也是当前零售行业的重要发展趋势。当前全世界自有品牌的发展是极不均衡的，欧洲是近代自有品牌的发源地，也是当前自有品牌发展最为繁盛的区域。在英国、西班牙等国家，自有品牌的市场份额甚至超过 40%；而中国的自有品牌市场份额仍处于 1% 的水平，正处于总体份额低、发展速度快的起步阶段。

　　中国的自有品牌发展潜力毋庸置疑，但针对自有品牌的市场研究和学术研究仍相对较少，其中对中小零售商自有品牌开发的关注和探讨更是有限。中国零售市场具有分布分散、集中度低的典型特点，中小型零售商是我国零售行业的基础构成要素。而中小型零售商在资源和禀赋上与大型零售商存在较大差距，其自有品牌运营的目标设定、实现路径、发展问题也与大型零售商截然不同。针对中小型零售商的自有品牌相关研究是有必要且迫切的，这有助于我们更全面地了解行业，从而更有效地推动行业发展。

　　首都经济贸易大学于 2019 年成立了中国消费大数据研究院，并组建了自有品牌研究课题组，对我国自有品牌发展情况尤其是中小型零售商的自有品牌发展情况进行了持续的跟踪观测与研究分析。2019 年课题组发布了第一版自有品牌报告，通过问卷调查的方式初步展示了我国中小型零售商的自有品牌经营状况。2020 年课题组加入了基于真实销售数据的分析和对标杆企业的调研，并探讨了新冠肺炎疫情对行业的影响，从多元角度分析中小型零售商自有品牌发展的现状、问题和趋势。我们希望本书能够帮助读者对我国中小型零售商的自有品牌发展情况获得相对完整的认知，为致力于自有品牌开发的中小型零售商提供洞察和决策帮助，也为关注这一领域的学者提供信息和研究借鉴。

　　本书整体分为八章内容。第 1 章采用文献综述的方式对研究背景进行了整体介绍。第 2 章和第 3 章采用了实际销售数据进行分析，展示了中小型零售商及其自有品牌的发展状态。第 4 章和第 5 章针对中小型零售商进行了问卷调查，展示了其运营管理和供应商管理情况。第 6 章对消费者展开了问卷调查，绘制了中小型零售商的自有品牌消费者画像。第 7 章采用了案例研究的方法，通过具体的商业案例展示了中小型零售商的运营实践。第 8 章是本书的结论。

　　本书的完成是首都经济贸易大学中国消费大数据研究院群策群力的结果，其中王紫薇主要负责了前四章的撰写，邱琪主要负责了后四章的撰写。在中国消费大数据研究院院长柳学信的鼎力支持下，首都经济贸易大学很多优秀的硕士研究生也参与了本书的准备工作，他们是崔淑娟、史梦婷、李婷婷、刘琪、刘若曦、郭婷婷、李秋睿、刘鑫瑶。

　　我们为本书的出版做出了很多努力，但问题和错误在所难免，诚挚地欢迎读者批评指正。

目　录

1

导论

零售市场中的自有品牌往往指代的是零售商自有品牌，与制造商品牌不同，是所有权归属于零售商的品牌。具体来说，是零售企业通过收集、整理、分析消费者对于某类商品的需求特征的信息，开发出新产品，在功能、价格、造型等方面提出设计要求，自设生产基地或选择合适的生产企业进行加工生产，最终由零售企业使用自己的商标对该产品注册和宣传，并在本企业门店销售的产品[①]。

自有品牌的开发可以给零售企业带来多方面的优势，也因此受到了越来越多的重视。自有品牌最为熟知的优势在于它可以给零售商带来更高的利润。零售商开发自有品牌往往成本更低，从工厂到卖场，省略了中间的多个流通环节，也大幅降低了营销费用，使得自有品牌毛利率要高于制造商品牌。也有研究发现，自有品牌的引入有助于压低制造商品牌的批发价格，可以从另一个角度帮助零售企业获取更大利益[②]。

自有品牌的开发也可以更好地满足零售企业对多样性和差异性的追求，进而提升顾客满意和顾客忠诚。自有品牌可以丰富零售商货架，满足更多消费者需求，进而增加零售商的市场占有率[③][④]。零售企业是自有品牌开发的主体，这意味着他们有能力根据自身需求定制产品，而不是只能被动接受制造商产品。通过自有品牌开发，零售企业可以更好地把握产品定位，尤其在零售企业无法从制造商处获得满意的产品时发挥重要作用[⑤]。同时，自有品牌的销售渠道具有排他性，消费者仅能通过零售企业购买其开发的自有品牌。这也意味着独特的自有品

[①] 谢庆红，罗二芳. 国内外零售商自有品牌发展研究综述 [J]. 经济学动态，2011（10）：99-102.

[②] 张赞. 零售商引入自有品牌动机的博弈分析 [J]. 财贸经济，2009（4）：129-134.

[③] Amrouche N., Zaccour G. A Shelf-space-dependent Wholesale Price when Manufacturer and Retailer Brands Compete [J]. OR Spectrum, 2008（31）：361-383.

[④] Mills D. E. Private Labels and Manufacturer Counterstrategies [J]. European Review of Agricultural Economics，1999（26）：125-145.

[⑤] Amrouche N., Yan R. Implementing Online Store for National Brand Competing Against Private Label [J]. Journal of Business Research，2012（65）：325-332.

牌有能力帮助零售企业成为消费者无可替代的购买渠道，从而为零售企业打造差异化的竞争优势，创造顾客忠诚①②。

自有品牌还可以大幅增加零售企业在供应链上的话语权。自有品牌的出现是市场力量向零售商倾斜的结果，而它反过来又强化了零售商在垂直竞争中的市场地位，成为零售企业获取渠道权力的重要战略手段。自有品牌的开发减少了零售企业对制造商的依赖，有助于增加其对于制造商的议价能力③④。同时自有品牌也可以帮助零售商打破不平等的利润分配机制，对抗制造商的直接渠道策略⑤。

自有品牌的发展一定程度上代表了零售商的实力水平，是零售市场重要的未来发展方向，也是零售市场发展程度的重要指标。当前中国的自有品牌体现出了快速增长的态势，吸引了业界和学界的诸多关注，但针对当前中国中小型零售商自有品牌开发情况的研究屈指可数。一方面，是由于中小型零售商的自有品牌发展尚处于初级阶段，影响力较小。但中小型零售商是我国零售市场的基石，很多敏锐的中小型零售商已经开始意识到自有品牌的发展潜力并率先进行了相关尝试，对这一领域的先行者的了解具有明确的现实意义和前瞻价值。另一方面，是开发自有品牌的中小型零售商数量相对较少，分布范围广泛，研究者很难对这些企业进行筛选、定位和接触，难以获得足量有效的数据。为此我们与自有品牌相关的中小企业联盟达成了合作，通过多种途径收集了多角度的相关数据，努力提供全面、客观的描述。

本书具有几个鲜明的特点：第一，本书的研究对象为我国的中小型零售商，这是我国零售市场发展的主体力量；第二，本书的研究内容为我国中小型零售商的自有品牌发展情况，具有前瞻性；第三，本书的主要研究时段为 2020 年 1~7 月，即新冠肺炎疫情暴发的时段，探索了这一颠覆性的变量对于市场的影响力量；第四，本书采取真实的销售数据和调研数据，提供了相对客观、准确的描述和分析。

本章从三个方面对报告背景进行了简要描述和分析，其中第一部分主要介绍

---

① Hoch S. J. , Banerji S. When do Private Labels Succeed [J]. Sloan Management Review, 1993 (34): 57-67.

② Seenivasan S. , Sudhir K. , Talukdar D. Do Store Brands Aid Store Loyalty? [J]. Management Science, 2016 (62): 802-816.

③ Groznik A. , Heese H. S. Supply Chain Conflict Due to Store Brands: The Value of Wholesale Price Commitment in a Retail Supply Chain [J]. Decision Sciences, 2010 (41): 203-230.

④ Morton F. S. , Zettelmeyer F. The Strategic Positioning of Store Brands in Retailer Manufacturer Negotiations [J]. Review of Industrial Organization, 2004 (24): 161-194.

⑤ 李建生，闫传强. 自有品牌对零供博弈关系的影响分析 [J]. 中国零售研究，2010 (6): 42-50.

世界范围内自有品牌的发展历史，第二部分主要介绍中国自有品牌的发展情况，第三部分主要介绍我国中小型零售商自有品牌的发展情况。

1.1　自有品牌的发展历史

　　近现代真正意义上的自有品牌可以追溯到 1882 年，当时的英国马尔科公司率先创建了自己的自有品牌。经过一段时间的蛰伏与摸索，到 20 世纪后半段，自有品牌在西方国家实现了快速普及，并逐渐蔓延到了全世界。自有品牌的发展是快速而多变的，零售商们根据市场形态对自有品牌进行了持续而灵活的调整，促进了自有品牌的蓬勃发展。整体来看，自有品牌的发展可以大致分为以下四个阶段[①]。

　　自有品牌的初代兴起于 20 世纪六七十年代。在此之前，经济和技术的发展造就了一大批具有优秀生产能力的制造商，他们掌握生产环节，有能力设计和开发优良的产品。这些制造商还创造性地应用了包括电视广告在内的多种营销手段，在消费者心中构建了良好的品牌认知度和好感度，获取了巨大的品牌优势。因此，制造商对零售商拥有很高的议价能力。但 20 世纪 60 年代末 70 年代初的经济下行压力较大，带来了持续的通货膨胀。为了保证利润，很多制造商开始提高产品的批发价格，给零售商带来了很大的压力。为了解决这一问题，零售商开始发展自有品牌计划。他们主要选择消费者日常所需的耐用品入手，寻找拥有剩余产能的小型制造商，接手其产品后用简陋的包装和低廉的价格进行销售[②]。这些初代自有品牌产品往往质量不高，包装简陋，不做营销，其最主要的特征就是用"公平的价格"吸引消费者，最主要的目的则是与制造商相抗衡。

　　自有品牌吸引了越来越多的零售商的关注，但随着经济的复苏，自有品牌却不再能留住消费者。相当一部分消费者将自有品牌看作制造商品牌的低质低价替代品，在经济复苏后又重新回归购买品质更好的制造商品牌。这造就了自有品牌占有率在经济下行时上升，在经济上行时下降的变动趋势[③]。于是，要谋求进一

①　张庆伟. 国外自有品牌的演变历史与发展状况研究［J］. 商业经济研究，2017（13）：37-39.

②　王勇. 自有品牌的历史：侵扰制造商的梦魇［J］. 中国商贸，2003（9）：18.

③　Lamey L.，Deleersnyder B.，Dekimpe M. G. & Steenkamp J. E. M. How Business Cycles Contribute to Private-label Success：Evidence from the United States and Europe［J］. Journal of Marketing，2007，71（1）：1-15.

步发展的零售商开始注重自有品牌的质量，在保持相对低价的基础上追求性价比的提升。这就构成了自有品牌发展的第二个阶段，开启了自有品牌从低质低价到更高性价比的品牌转型。

20 世纪末，良好的经济环境促进了零售商的连锁化规模化经营，造就了越来越多的大型零售商甚至跨国经营零售商，使其在供应链中具有了更大的影响力。对于上游来说，这些零售商有能力踏入更广泛的品类和产品领域，对产品的设计和质量提出更严格的要求，对产品生产的成本进行有效的控制，甚至进行完全的自主研发生产，真正实现了产品的物美价廉。对下游来说，这些零售商也开始更充分利用自己的渠道优势，对消费者进行更有利的品牌宣传和销售推广，推动品牌建设。即零售商开始将自有品牌作为企业发展战略，对其进行完整的规划和把控，将其看作"真正的品牌"加以经营。这就是由大型零售商推动的第三代自有品牌变革，也是自有品牌与制造商品牌的正面交锋。

进入 21 世纪后，自有品牌的发展进入了更为成熟的阶段。零售商对自有品牌越来越倚重，将自有品牌建设充分融入自身发展战略之中，为企业打造核心竞争力。这时的自有品牌所追求的已不再是对标制造商品牌，而是超越制造商品牌。零售商需要充分利用自己对市场的了解，为自有品牌进行更准确的市场定位并注入更多的创新基因，打造良好的产品形象，致力于让自有品牌成为消费者心目中不可替代的存在。即零售商要为自有品牌创造更卓越的消费价值，进而通过自有品牌吸引和保留消费者，提升自身的零售品牌形象，获取更大竞争优势。卓越消费价值又可以带来更高的产品溢价，为零售商带来更高的价值回报。

1.2 中国的自有品牌发展

尽管自有品牌的发展整体呈现上升态势，但不同区域的自有品牌发展情况存在巨大的不均衡性。整体来看，欧洲地区自有品牌发展居于领先地位，北美地区其次，亚太地区发展水平最为落后。根据尼尔森的《全球自有品牌兴起报告》，至 2016 年欧洲地区自有品牌份额已达 31.4%，部分国家自有品牌份额已超过 40%，如西班牙自有品牌份额高达 42%，英国自有品牌份额高达 41%。北美地区自有品牌份额达到 17.7%，拉美地区自有品牌份额为 8.3%。而亚太地区自有品牌份额仅为 4.2%，其中中国自有品牌份额约处于 1% 的水平，距离世界平均水平

16.7%仍有不小的差距。根据招商证券的测算，中国的自有品牌市场规模为 1.14 万亿元，而美国的自有品牌市场规模为 8.21 万亿元，是中国市场的 7 倍还多。

中国的自有品牌发展在世界范围内仍处于相对滞后的状态，这与中国的零售市场结构息息相关。中国拥有广阔的国土面积，多样的风土民情，这一方面降低了中国零售企业大范围铺货的效率，另一方面也增加了零售企业了解和适应不同地区市场需求的难度。因此，中国零售行业具有分散程度高、地域性强的典型特征，这也直接限制了中国零售企业的企业规模。根据国家统计局数据，中国的绝大多数零售是通过年销售额 500 万元以下的零售实体完成的，2018 年我国社会零售总额为 38.10 万亿元，限额以上零售企业销售额 13.01 万亿元，仅占 34.15%。中国少有能覆盖全国范围的大型连锁零售企业，根据中国连锁经营协会的数据，2018 年中国排名前 10 位的连锁零售企业销售额为 1.08 万亿元，市场占有率仅为 2.83%，百强连锁零售企业销售额为 2.39 万亿元，市场占有率为 6.27%。与之对应的是，欧洲部分国家排名前四位的零售企业市场占有率就已超过 60%。

零售企业的市场力量很大程度上决定了自有品牌的发展情况，多项研究发现，零售市场集中度与自有品牌发展呈正相关的关系[1][2]。零售市场集中度越高，头部零售商对区域资源的整合能力越强，越能够通过零售品牌自身的市场认可度以及规模优势推广自身的自有品牌。自有品牌的市场潜力越大，其对上游制造商的议价能力越强，越可以让零售企业通过规模经济获益。因此，中国零售业的独特市场结构对自有品牌的发展并不十分友好。

从整体社会背景来看，中国的自有品牌发展相对滞后，中国消费者对自有品牌的了解较少，信任程度较低[3][4]，自有品牌的市场拉动作用不强。且中国文化中损失规避的倾向较浓厚，即消费者在购买过程中尤其会在乎品牌和产品可能具有的风险。在消费者对自有品牌并不熟悉的情况下，损失规避的倾向会进一步减

① Ailawadi K. L. , Harlam B. An Empirical Analysis of the Determinants of Retail Margins: The Role of Store-brand Share [J]. Journal of Marketing, 2004, 68 (1): 147-165.

② Rubio N. , Yagüe M. J. The Determinants of Store Brand Market Share: A Temporal and Cross-national analysis [J]. International Journal of Market Research, 2009, 51 (4): 501-519.

③ Mandhachitara R. , Randall M. S. , Hadjicharalambous C. Why Private Label Grocery Brands Have not Succeeded in Asia [J]. Journal of Global Marketing, 2007, 20 (2): 71-78.

④ Lupton R. A. , Rawlinson D. R. , Braunstein L. A. Private Label Branding in China: What do US and Chinese students think? [J]. Journal of Consumer Marketing, 2010, 27 (2): 104-113.

弱消费者选择自有品牌的可能性①。此外，中国零售企业的认知和能力也具有一定的局限性，中国零售企业对于自有品牌的发展潜力仍存在低估，且企业管理能力水平仍存在不足之处，这会使企业无法充分抓住自有品牌的发展机会②。

这些发展限制虽然客观存在，但中国的自有品牌也同时面临着良好的发展机会。

就上游供应来看，中国丰富的制造商资源为自有品牌的发展提供了便利。上游制造商的数量和质量均有所保证，且覆盖了众多产品品类，为零售商开发自有品牌提供了上游保障，这是其他国家很难比拟的资源。就零售行业来看，我国国内的零售行业整合正处于提速阶段，市场的优胜劣汰持续进行，行业集中度近年来出现了较快的提升。同时我国零售商也在飞速学习和吸收先进的零售理念，自有品牌的潜力得到了越来越多中国零售企业的认可。

就下游市场来看，消费者对自有品牌的接纳程度也在逐渐变高。根据经济发展的一般规律，经济下行时消费者更在乎性价比，也更愿意选择自有品牌③。随着我国经济体量的逐步扩大，经济增速也在逐步放缓，叠加上疫情影响，为自有品牌的发展创造了良好的机会。同时中国的消费主体也出现了变化。"90后"甚至"00后"已逐渐成为了当前的消费新主体，这一代人出生于互联网时代，在财富增长、变革剧烈的环境中长大，他们喜欢推陈出新，拒绝因循守旧，对传统制造商品牌的忠诚度并不高。这部分消费者反而更乐于尝试新兴品牌，追求个性化消费。新的消费主体给制造商提出了新的要求，削弱了传统品牌的竞争力，也将开发自有品牌的零售商拉到了更为平等的起跑线上。

尽管中国自有品牌的市场份额仍处于1%~2%的初级水平之上，但自有品牌在中国的发展前景广阔，并呈现出了迅猛增长的态势。根据《2020年中国自有品牌达曼白皮书》数据，2017~2019年中国自有品牌的销售额增长率达到了26%，而同期整体快速消费品的增长率为11%。即自有品牌的发展增速大幅超越了快消品的市场增速，具有极大的增长潜力。

① Deleersnyder B. , Dekimpe M. G. , Steenkamp J. -B. E. M. , Leeflang P. S. H. The Role of National Culture in Advertising's Sensitivity to Business Cycles: An Investigation Across Continents. Journal of Marketing Research, 2009, 46 (5): 623-636.

② Herstein R. , Drori N. , Berger R. & Barnes B. R. Exploring the Gap between Policy and Practice in Private Branding Strategy Management in an Emerging Market [J]. International Marketing Review, 2017 (34): 559-578.

③ Lien Lamey, Barbara Deleersnyder, Jan-Benedict E. M. Steenkamp and Marnik G. Dekimpe. The Effect of Business-Cycle Fluctuations on Private-Label Share: What Has Marketing Conduct Got to Do with It? [J]. Journal of Marketing, 2012, 76 (1): 1-19.

1.3 中国中小型零售商的自有品牌发展

中国的自有品牌发展潜力得到了广泛认可，但当前的市场研究和学术研究的主要关注点仍在于大型零售连锁企业和大型零售电商。如前文所述，中国零售市场的集中度尚处于较低水平，中小型零售商是我国零售行业的基础构成要素，在市场的消费需求满足中发挥了极为重要的作用。在这一背景下，仅针对大型零售企业的自有品牌研究是不完整的，对于中小型零售商的关注和研究将有助于我们对中国的自有品牌发展形成更全面、更深入的了解。

我国中小型零售商的自有品牌开发起步较晚，体量较小，这是因为中小型零售商在开发自有品牌时存在一些天然的劣势。首先，中小型零售商的市场资源有限，这使企业能够给出的自有品牌生产订单相对较小。事实上，很多中小型零售商能够给出的自有品牌订单根本无法满足制造商的最低起订量要求，即使达成了起订要求，其起订量也往往难以实现规模经济。订单规模过小会造成产品成本过高，这时产品涨价会使企业难以通过性价比吸引消费者，而维持产品低价则会大幅侵占销售利润，让企业无法通过自有品牌获利。同时，更少的起订量也使中小型零售商对供应商的谈判能力和控制能力相对较弱，无法对产品的开发和制造进行严格的控制，导致其无法对产品的性能和质量全权负责。中小型零售商自身资源有限，限制了其能够给予自有品牌的资源投入，使其在产品品类选择、产品包装设计、营销投入等方面有所欠缺。除资源外，自有品牌开发也对中小型零售商自身的认知能力、管理水平、人才储备等提出了挑战。同时，中小型零售商在构建消费者信任方面存在明显劣势，自身品牌力量不足以为其自有品牌产品做背书，难以构建消费者信任。

中小型零售商自有品牌开发面临诸多困难，整体开发程度尚处于初级阶段，这是一个不争的事实。但中国很多中小型零售商的管理者具有敏锐的嗅觉和良好的学习能力，这些先行者已经意识到了自有品牌背后的发展机会，将自有品牌作为重要的企业战略进行规划，谨慎而灵活地寻找可行的发展路径。对先行者的关注和研究将有助于我们更好地了解其发展情况，总结其经验教训、判断其发展趋向，并据此提供有效的规范、引导和支持。

那么，中小型零售商是如何看待和规划自身自有品牌的？本课题组曾在2019

年对部分开发自有品牌的中小型零售企业进行了问卷调查，调查结果将可以对我国中小型零售商的自有品牌开发现状进行一个初步描述，主要调查结论如下：

（1）根据调查结果，对于中小型零售商来说，首先开发自有品牌最主要的动因在于获取更高的销售毛利（31.22%）；其次为营造门店经营特色，实现与其他零售商的差异化（26.78%）；再次为更好地满足消费者需求，提高消费者忠诚（18.61%）；最后为增强货架掌控力，提高对上游的谈判能力（12.35%）。即中小型零售商最为关注的还是获利和竞争。

（2）对于已开发自有品牌的中小型零售企业来说，大部分企业选择了防御式开发的策略（85%），强调模仿成功产品，以较小的风险和成本进行产品开发，通过更低的成本获利，这是早期自有品牌发展的常用策略。还有较多企业选择了差异化开发的策略（69%），通过对现有产品的改进和创新来增加产品的竞争力，不仅可以更牢固地抓住顾客需求，也可以树立良好的品牌形象。此外，围绕一个产品进行延伸的系列化开发（38%）、抢先开发占领市场的进攻式开发（38%）、填补市场空缺的补缺式开发（31%）、预测消费潮流的超前式开发（23%）也占据了一定的比例。总体来看，当前开发自有品牌的中小零售企业对市场的反应还是跟随和改进为主，开创性的策略并不是主要选择。

（3）已有开发者对自有品牌的定位更偏重于品质和性价比共重。高质平价的开发定位最受青睐（69%），同质低价的开发定位也比较普及（46%），高质低价的开发定位并不受欢迎（23%），低质低价和高质高价的定位则没有被选择。换言之，没有企业选择低品质定位，不到半数选择了行业中等品质，绝大部分企业都选择了高品质定位，这与中国消费者的品质消费趋势是一致的。同时所有被调企业都选择了高性价比的定位，没有企业选择高质高价的溢价式定位，这也体现出中小型零售企业自有品牌开发的局限性。

（4）在选择开发自有品牌的方式上，77.78%的被调企业倾向于委托制造商加工或定制并随时监控，这种方法为零售商保留了相当程度的研发建议权和控制权，且资金占用较小，合作方式灵活，受到了大多数企业的青睐。33.33%的企业选择将生产外包给制造商直接贴牌，对于缺乏研发能力的企业或缺乏产品差异性的行业来说这也是合适的选择。仅有4%的企业选择自建工厂或生产基地，这种方法虽然可以保证企业拥有足够的控制力，但需要企业有充足的资金和研发等能力储备，对中小型零售商来说压力较大。即中小型零售商的资源制约使必须放弃一部分上游控制力。

（5）就自有品牌的效果来看，大部分开发者对自有品牌持认可态度。46%的被调研企业认为自有品牌为企业做出了较大的或很大的销售贡献，63%认为自有品牌为企业带来了较大的或很大的竞争优势，80%认为有必要大力发展自有品牌。整体来看，进行了自有品牌开发的中小型零售商对自有品牌的表现和发展潜力是满意的。

本书关注中小型零售商 2019~2020 年的发展情况。这段时间内行业环境出现了一项重要的变化，即 2020 年春节之前突然暴发的新冠肺炎疫情。根据德勤中国和中国连锁经营协会共同发布的《新冠肺炎疫情对中国零售行业财务及运营影响调研报告及行业趋势展望》，新冠肺炎疫情为中国零售行业带来了较强的短期压力。在市场方面，由于消费者的流动性大幅降低，零售商客源出现大幅下降，同时消费者对零售商的便利性和配送服务的需求大幅增加，消费者的整体信心同时出现下降。在企业方面，由于消费需求出现下降，人力成本、租金等固定成本支出维持高位，在上下游产业链中的企业均面临较高的现金流压力。疫情的影响是多方面的，本书将这一重要变量的影响涵盖在内，体现出了疫情为中小型零售商及其自有品牌运营带来的挑战与机会，希望能为企业应对重大公共事件提供洞见和帮助。

本章对本书的研究背景进行了简要的描述，后续章节将对我国中小型零售商自有品牌的发展情况进行具体分析。其中第 2 章和第 3 章描述了我国中小型零售商的整体发展情况和自有品牌的发展情况，截取了 2019 年 1 月至 2020 年 7 月的零售商实际销售数据进行分析。第 4 章和第 5 章是针对销售自有品牌的中小型零售商门店的调研内容，展示了中小型零售商的自有品牌运营管理和供应商管理情况。第 6 章是针对中小型零售商门店消费者的调研内容，绘制了中小型零售商自有品牌的消费者画像。第 7 章进行了两则标杆案例分析，展示了中小型零售商的自有品牌运营实践。第 8 章对全书内容进行了总结。

2
中小型零售商整体发展情况

本章将针对2019年1月到2020年7月我国中小型零售商的整体发展情况进行分析。主要分析内容包括三个方面：一是我国中小型零售商的整体销售情况；二是中小型零售商不同业态的发展情况；三是中小型零售商不同产品品类的销售情况。

其中，第一部分的整体销售情况主要从店均销售额、店均毛利、店均订单量、消费者的购买频次和客单价展开；第二部分的业态发展则是在分析整体销售情况的基础上，对大卖场、大超市、生鲜店、便利店、小超市的各业态销售情况进行具体分析；第三部分展示了服装鞋帽、家具/家装、母婴产品、日用品、数码家电等14个一级品类下各二级品类的销售情况。

本部分分析所采用的数据来自蚂蚁商业联盟的成员企业。蚂蚁商业联盟是一个致力于推进中小型零售商自有品牌建设的联盟性组织，联盟成员企业遍布全国，均为开展自有品牌业务的中小型零售商，具有较好的样本代表性。为了全面、客观地展示2020年上半年中小零售企业的整体发展情况，我们选取了该联盟数据库中2019年1月至2020年7月共计19个月的门店实际销售数据进行分析，样本情况如表2-1所示。

表2-1 2019年1月至2020年7月零售商、门店、销量、销售额数据

时间	零售商数量	门店数量	销量	销售额（亿元）
2019年1月	16	558	49722231	5.01
2019年2月	16	561	44644027	4.79
2019年3月	16	565	43144476	3.53
2019年4月	17	634	46737745	3.65
2019年5月	18	688	57439578	4.5
2019年6月	18	691	60334760	4.57

时间	零售商数量	门店数量	销量	销售额（亿元）
2019 年 7 月	18	690	61990348	4.63
2019 年 8 月	18	696	64342200	4.98
2019 年 9 月	18	712	58434018	5.05
2019 年 10 月	18	703	59420865	4.89
2019 年 11 月	18	694	59188503	4.92
2019 年 12 月	18	704	61220057	5.43
2020 年 1 月	19	760	78202022	8.91
2020 年 2 月	19	697	69290203	6.62
2020 年 3 月	19	752	57549317	5.34
2020 年 4 月	20	822	69632122	5.76
2020 年 5 月	22	940	86501996	6.88
2020 年 6 月	22	954	81099444	6.31
2020 年 7 月	23	1004	101000000	8.37

2.1　中小型零售商整体销售情况

2.1.1　2020 上半年中小型零售商的店均销售额不降反增，2020 年 7 月回归至往年水平

2019 年 1 月至 2020 年 7 月被调研零售商的店均销售额及环比增长率如图 2-1 所示。从图中可以看出，2019 年 4 月至 2020 年 1 月，零售商店均销售额呈现较为平稳的增长态势，2020 年 1 月骤增至最高点，之后店均销售额逐步回落，至 7 月略有上升。2020 年 1~7 月店均销售额波动趋势与 2019 年基本相符，但相对 2019 年仍有一定幅度的同比提升。这主要是由于 2020 年上半年疫情期间的封闭式管理提高了消费者对实体零售尤其是对社区门店的依赖。

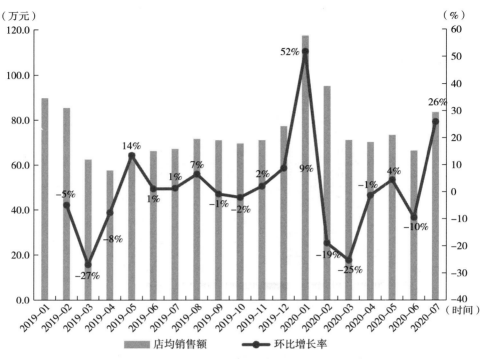

图 2-1　店均销售额和环比增长率

　　为了消除季节波动的影响，我们分别选取 2019 年与 2020 年 1~7 月的数据进行同比分析，更清晰地展示 2020 年上半年中小型零售商的销售变化情况。2019年与 2020 年 1~7 月店均销售额及同比增长率如图 2-2 所示，2020 年 1~5 月的店均销售额整体高于 2019 年同期的店均销售额，6 月和 7 月的店均销售额略低于 2019 年同期的店均销售额。就 2020 年 1~7 月整体店均销售额同比增长率来看，2020 年 1 月店均销售额同比增长率为 34.35%，为 7 个月中增长幅度最高。在2020 年上半年，2 月店均销售额增长幅度最低，较 2019 年 2 月仅增长了 2.07%。3 月、4 月和 5 月店均销售额依然保持了较高的增长态势，但增长率逐月递减。6 月和 7 月店均销售额回落，与 2019 年相比甚至出现了负增长，分别为-1.28%和 0.34%。2020 年 1~5 月的零售商店均销售额较 2019 年实现了较高的同比增长，随着疫情逐渐得到控制，6 月和 7 月店均销售额逐渐回归往年状态。整体来看，在 2020 年上半年这一特殊时段中，中小型零售商的销售并未下降，反而维持了较好的增长，为保证民生发挥了重要作用。但随着疫情逐渐得到控制，市场对中小型零售商的依赖也逐渐减弱。

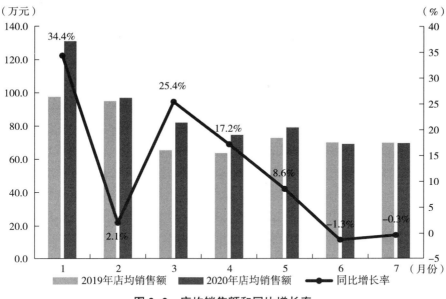

图 2-2　店均销售额和同比增长率

2.1.2　2020 年上半年中小型零售商的毛利持续同比增长

2019 年 1 月至 2020 年 7 月零售商店均毛利及环比增长率如图 2-3 所示。从图中可以看出，自 2019 年 3 月至 2020 年 2 月，店均毛利呈较平稳的增长态势，2020 年 2 月增至最高点，之后店均毛利逐步回落，至 7 月略有上升。2020 年 1~7 月的店均毛利波动趋势与 2019 年基本相符。2020 年上半年消费者经历了较长时期的居家隔离，产生了较多的消费和囤货需求。多种产品出现供不应求的状态，也让产品价格维持在较高水平之上，导致了店均毛利骤增，这也体现了消费者对实体零售的依赖。

2020 年 1~7 月零售商的店均毛利同比增长情况如图 2-4 所示。2020 年 1~7 月的店均毛利均高于 2019 年同期的店均毛利，2020 年 1~7 月的整体店均毛利较 2019 年均实现了同比增长。其中，2020 年 1 月店均毛利同比增长率为 95.61%，为 7 个月中增长幅度最高。在 2020 年上半年，2 月的店均毛利增长幅度较 1 月下降了 43 个百分点，但仍维持了 52% 的同比增长。3 月的店均毛利增长幅度较 2 月又上涨了 20 个百分点，随后的 4~7 月店均毛利仍然呈增长态势，增长幅度逐渐缩小，在 7 月又有回升。整体来说，与 2019 年相比，中小型零售商在 2020 年上半年得到了更高的毛利回报，同时获得了较大的发展优势。

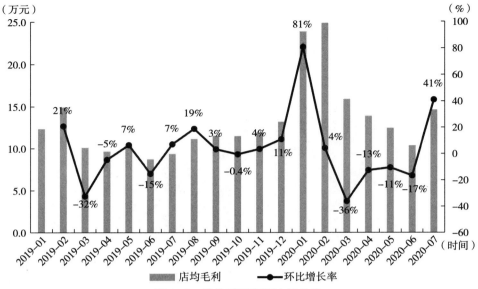

图 2-3　店均毛利和环比增长率

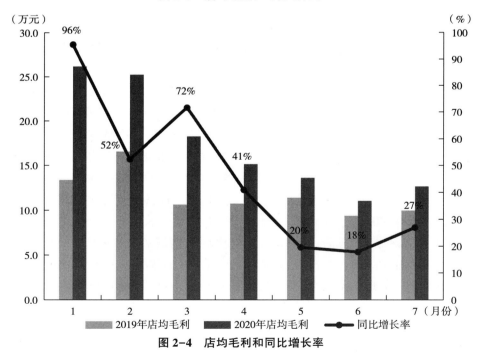

图 2-4　店均毛利和同比增长率

　　2019 年 1 月至 2020 年 7 月零售商的整体毛利率如图 2-5 所示，从图中可以看出，从 2019 年 1 月至 2020 年 7 月，整体毛利率稳步增长，并在 2020 年 2 月达到最大值 26.16%。2 月的峰值应是由于物流与供应链不稳定和商品货物紧缺导致了商品价格上升，进而造成了毛利率大幅上升。随后的 2~6 月，毛利率一路下降，但在 7 月又有所回升。整体来看，2020 年上半年零售商的获利能力得到了提升。

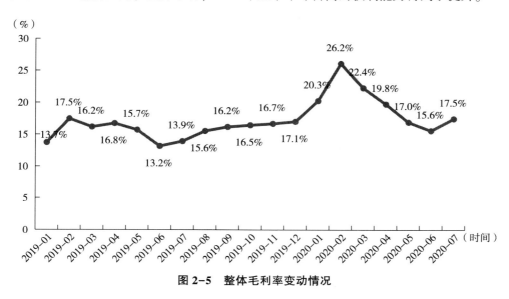

图 2-5　整体毛利率变动情况

2.1.3　2020 年上半年中小型零售商的店均订单量和消费者购买频次降低，客单价提高

2019 年 1 月至 2020 年 7 月零售商的店均订单量（千）及客单价（元）如图 2-6 所示，从图中可以看出，自 2019 年 1 月至 2020 年 1 月，店均订单量呈现较为平稳的态势，在 20000 单左右，2020 年 2 月，店均订单量达到最小值 13216 单，这主要是受居家隔离的影响，居民无法外出购物，导致店均订单量骤减。在订单量减少的同时，为了保证必要的生活供给，消费者的客单价出现了明显的上升。客单价和订单量呈反向变化趋势，并在 2020 年 2 月达到最大值 72 元。

2020 年 1~7 月零售商整体订单量的同比增长情况如图 2-7 所示，2020 年 1~7 月的整体订单量均低于 2019 年同期的订单量。就 2020 年 1~7 月整体订单量同比增长率来看，2020 年 1 月的订单量同比下降了 17%，2 月的订单量下降幅度最高，较 2019 年 2 月下降了 34.8%，3~7 月的订单量较 2019 年同期依然保持下降态势，但下降趋势逐渐变缓。虽然消费者订单量下降，然而客单价的上升使整体销售额仍然保持增长态势。

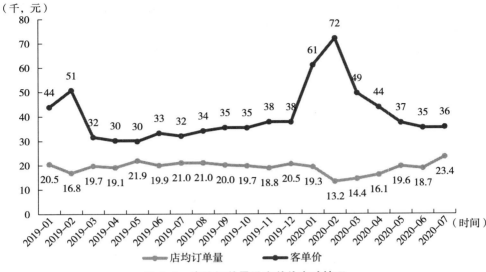

图 2-6　店均订单量及客单价变动情况

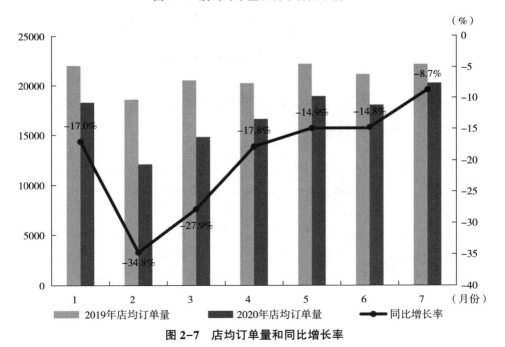

图 2-7　店均订单量和同比增长率

　　2020 年 1~7 月整体客单价（元）的同比增长情况如图 2-8 所示，2020 年 1~7 月的客单价均高于 2019 年同期的客单价，且 2 月的客单价达到峰值，3~7 月的客单价逐渐降低。就 2020 年 1~7 月整体客单价同比增长率来看，2002

年 3 月的客单价同比增长率为 74%，为 7 个月中增长幅度最高，3~7 月的客单价较 2019 年依然保持增长态势，但增长率慢慢放缓，逐月递减。因 2020 年上半年消费者外出购物频次减少，使单次购买量上升，从而导致 2020 年 1~7 月的客单价整体高于 2019 年。

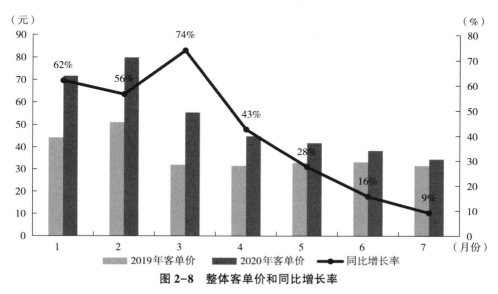

图 2-8　整体客单价和同比增长率

2019 年 1 月至 2020 年 7 月的会员平均购买频次如图 2-9 所示，从图中可以

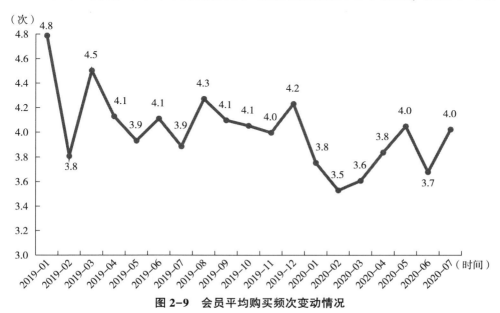

图 2-9　会员平均购买频次变动情况

看出，会员购买频次在月均 4 次左右。整体来看，2020 年比 2019 年整体会员平均购买频次少。具体来看，2020 年 1~4 月，会员频次小于 4 次，主要是由于 2020 年上半年处于隔离状态，消费者外出采购次数受到限制。

2.2 中小型零售商业态发展情况

2.2.1 2020 年上半年各业态销售有不同程度的增长，其中生鲜店涨幅最大

2019 年 1 月至 2020 年 7 月主要业态的销售额情况如图 2-10 所示。可以看出，大卖场、大超市以及小超市的销售额占比较高，其中大卖场的销售额最高，大超市次之，便利店在各业态中销售额占比最少。如图所示，由于春节到来，2019 年 1~2 月各家各户准备过年所需物品，大卖场、大超市等较大型业态的销售额占比较大，春节过后，从 3 月开始，大卖场和大超市的销售额占比下降，同时生鲜店、便利店、小超市的销售额占比提高。2020 年同期数据变化趋势相同。

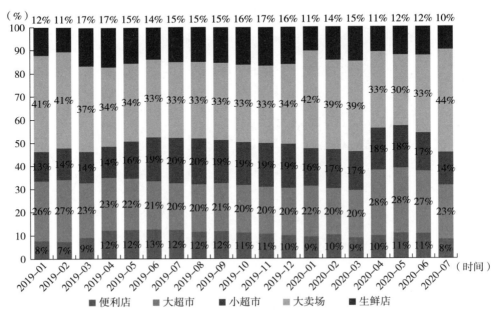

图 2-10 各业态销售额占比

2019 年 1 月至 2020 年 7 月各业态店均销售额如图 2-11 所示。大卖场的店均销售额整体远高于其他业态店均销售额，大超市店均销售额虽少于大卖场但也高于便利店、小超市、生鲜店店均销售额。大超市及大卖场在 2019 年 1 月、2 月及 2020 年 1 月是由于春节关系，店均销售额有明显上涨，之后店均销售出现一定的下降趋势。总体来看，各业态店均销售额分布较为稳定，2020 年上半年各业态店均销售额并未大幅降低，甚至有不同程度的增长。

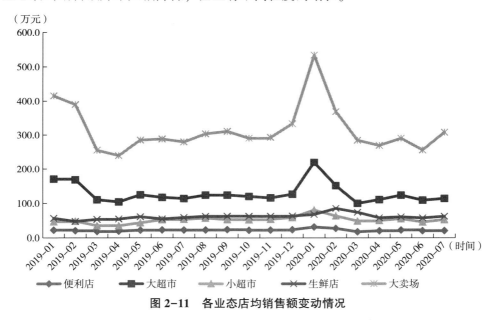

图 2-11　各业态店均销售额变动情况

2020 年 1~7 月各业态店均销售额的同比增长情况如图 2-12 所示。整体来看，2 月除生鲜店外其他业态的店均销售额均出现了不同程度的同比下降。这一方面是由于 2019 年春节在 2 月，对销售有一定的提升作用，2020 年春节则在 1 月，相对缺少了节日的促销作用；另一方面 2020 年 2 月中国出现了大规模的疫情暴发，对零售门店的销售有一定影响。其中，便利店的下降幅度相对较低，一方面是由于便利店不太受到节庆消费的影响，另一方面是由于居民居家隔离、出行不便，便利店凭借自身的社区地理优势维持了较为稳定的客源。生鲜店则呈现了大幅的逆势增长，与 2019 年 2 月相比，生鲜店的店均销售额增加超 1 倍，同比增长 110%。这主要是由于 2020 年上半年的封闭管理极大程度上将居民限制在了社区之内，增加了居家饮食需求，进而增强了居民对生鲜产品的依赖。进入 3 月以后，各业态销售均实现了同比增长，6~7 月除生鲜店外的各业态基本回归往年销售常态，而生鲜店依旧保持了同比销售增长状态。

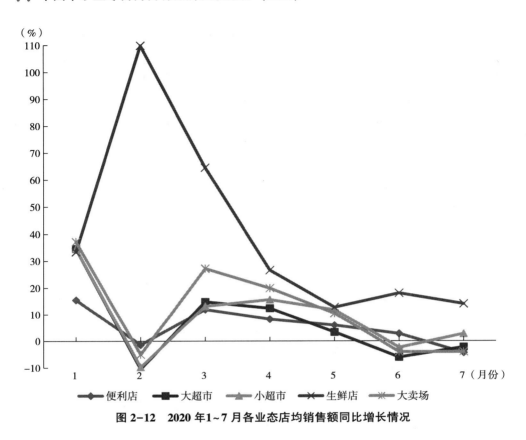

图 2-12　2020 年 1~7 月各业态店均销售额同比增长情况

2.2.2　2020 年上半年各业态的毛利表现得到提升，其中生鲜店获益最多

2019 年 1 月至 2020 年 7 月各业态店均毛利变动情况如图 2-13 所示。大卖场的店均毛利整体远高于其他业态店均毛利，大超市店均毛利虽少于大卖场但也高于便利店、小超市、生鲜店店均毛利。大超市及大卖场在 2019 年 1 月、2 月及 2020 年 1 月是由于春节，店均毛利有明显上涨，之后店均毛利出现了一定的下降。总体来说，各业态店均毛利较为稳定，2020 年上半年的店均毛利在一定程度上有了大幅上涨。

2020 年 1~7 月各业态店均毛利同比增长率如图 2-14 所示。除 7 月便利店的店均毛利较 2019 年略有下降外，生鲜店、便利店、小超市、大超市和大卖场 2020 年 1~7 月的店均毛利较 2019 年均实现了正向增长。就各业态 2020 年

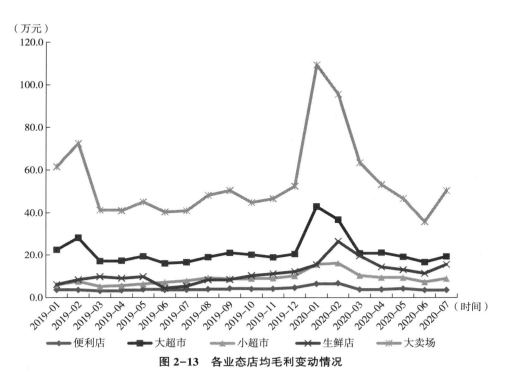

图 2-13　各业态店均毛利变动情况

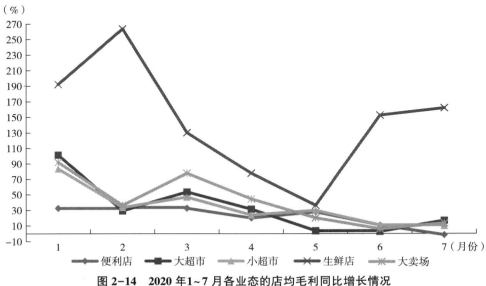

图 2-14　2020 年 1~7 月各业态的店均毛利同比增长情况

1~7 月的店均毛利同比增长率而言，生鲜店的店均毛利同比增长率整体高于其他业态，其中，2 月生鲜店的店均毛利同比增长率最高，为 264%；3~5 月的同比增长率逐渐下降，6月和7月有所回升。另外，便利店、小超市、大超市和大卖场2月的店均毛利同比增长率下降，3月出现回升。整体来看，2020年上半年各业态的中小零售企业较2019年同期获得了更高的店均毛利，其中生鲜店的店均毛利大幅增加。

2019年1月至2020年7月各业态毛利率如图2-15所示。2019年6月毛利率有较明显的下降，生鲜店下降最剧烈，约为8.23个百分点。2019年7月至12月缓慢恢复至2019年初的毛利水平。2020年1~2月，各业态毛利暴增，2019年1月至2020年7月内最高，生鲜店增长幅度最大，从2019年12月的19.11%涨至2020年2月的31.19%，2月后迅速下降至2019年同期水平，7月再次有上升趋势。各业态整体变动趋势类似，生鲜店毛利率起伏最剧烈，其他业态毛利率变动大致相同。

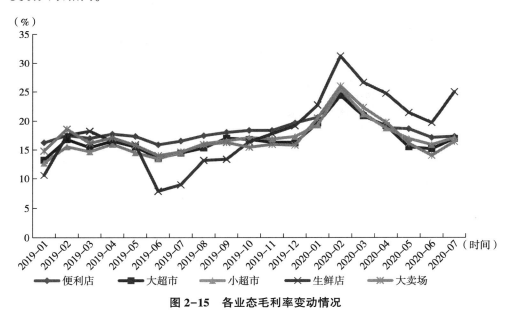

图2-15　各业态毛利率变动情况

2.2.3　2020年上半年各业态的订单量降低，其中生鲜店降幅最大，小超市恢复最快

2019年1月至2020年7月各业态店均订单量如图2-16所示。整体来看，大卖场的店均订单量远高于其他业态的店均订单量，大超市次之。便利店和小超市的店均订单量一直保持较为平稳的趋势。生鲜店的店均订单量起伏较大，2020年1~2月店均订单量逐月降低，3~7月店均订单量增长迅速。

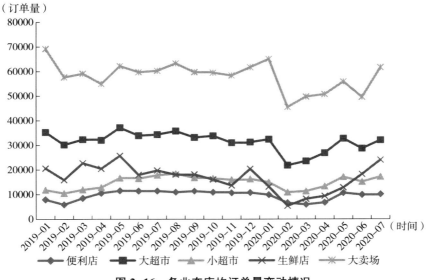

图 2-16 各业态店均订单量变动情况

2020 年 1~7 月各业态店均订单量同比增长率如图 2-17 所示。除 5 月小超市的店均订单量较 2019 年略有上升外，生鲜店、便利店、小超市、大超市和大卖场 2020 年 1~7 月的店均订单量较上年相比均有所下降，其中生鲜店的下降幅度最大。就各业态 2020 年 1~7 月的店均订单量同比增长率而言，生鲜店的店均订

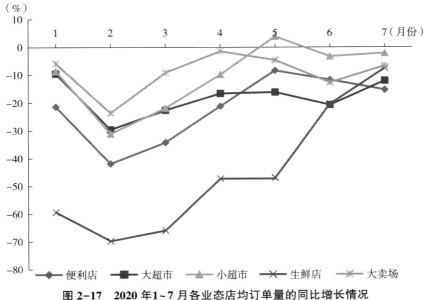

图 2-17 2020 年 1~7 月各业态店均订单量的同比增长情况

单量同比增长率整体低于其他业态，其中，2 月生鲜店的店均订单量变化幅度最大，店均订单量下降了 70%，3~7 月店均订单量的变化幅度逐渐降低，7 月店均订单量同比下降为 8%。生鲜是高频消费品类，具有少量多次的购买特质，2020 年上半年，消费者的消费行为出现变化，更偏好于大量少次的囤货式购买，这对生鲜店的影响最为明显。便利店、小超市、大超市和大卖场的 2 月店均订单量的同比增长率也为 7 个月中最低，3 月出现回升，5 月到达最高值，6 月同比增长率下降，7 月逐渐上升，其中小超市的订单恢复速度最快。

2.2.4 2020 年上半年各业态的客单价提高，其中生鲜店涨幅最大

2019 年 1 月至 2020 年 7 月各业态客单价如图 2-18 所示。2019 年 1 月至 2020 年 7 月各业态客单价变化趋势相同。2019 年大卖场的客单价居高不下，一直保持在各业态最高位置，但到了 2020 年，生鲜店"杀出重围"成为各业态中客单价最高的业态，直至 2020 年 5 月不断下降至 2019 年相同水平。2019 年 2 月较 2019 年 1 月有小幅度增长，有一定原因是临近春节需要进行家庭大采购，2019 年 3 月小幅度下降后一直到 12 月，各业态客单价几乎没有发生变动。2020 年

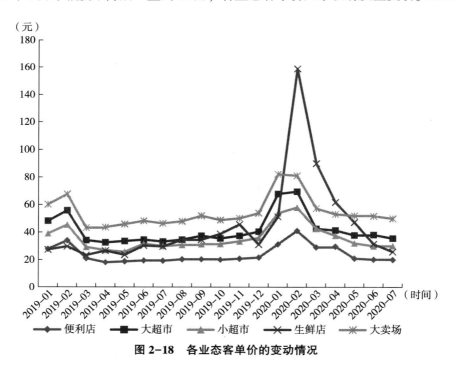

图 2-18 各业态客单价的变动情况

2月生鲜店的客单价骤然上升，成为各业态中最高且具有明显优势的业态形式，相比于生鲜店2020年1月的客单价表现，2月提高107.45元。2月后快速下降，5月失去领先地位，7月回到2019年平均水平。

2020年1~7月各业态客单价同比增长率如图2-19所示。生鲜店、便利店、小超市、大超市和大卖场2020年1~7月的客单价较2019年相比均实现了正向增长，其中生鲜店的增长幅度最大。就各业态2020年1~7月的客单价同比增长率而言，生鲜店的客单价同比增长率整体高于其他业态，其中，2月生鲜店的客单价变化幅度最大，同比增长595%，3~7月客单价的同比增长率逐渐降低，7月客单价同比增长率为23%。2020年上半年，消费者对生鲜食材的需求增加，并且较2019年增加购买，以满足囤货需求，因此生鲜店的客单价大幅上升。2~4月便利店的客单价高于小超市、大超市和大卖场，应是由于其地理位置优势，更容易满足消费者的日常购买。

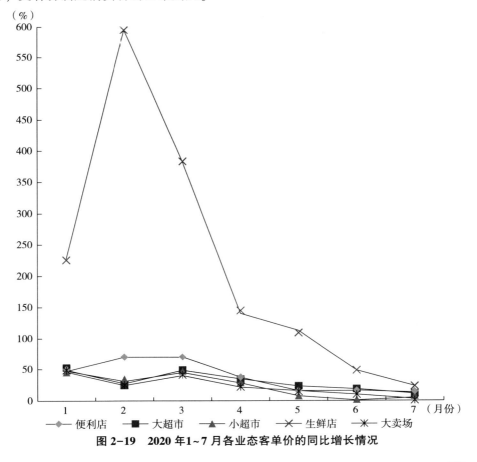

图2-19　2020年1~7月各业态客单价的同比增长情况

2.3 中小型零售商各产品品类发展情况

本部分关注中小型零售商销售的各产品品类在 2020 年上半年的发展情况，整体品类划分如表 2-2 所示。总体来看，一级品类包括服装鞋帽、家具/家装、交通用品、美妆护肤、母婴产品、日用品、食品、数码家电、文体娱乐、烟草烟具、医药保健/计生、饮料、园艺花卉/宠物及非标码品共计 14 个。其中，服装

表 2-2　品类划分

服装鞋帽	男装	日用品	餐饮用具	文体娱乐	礼品
	内衣		床上用品		玩具乐器
	女装		个人护理		文化办公用品
	配饰		居家日用		箱包
	睡衣		卫生清洁		运动户外
	童装和配饰		洗浴用品	烟草烟具	火机烟具
	袜子	食品	茶叶		烟草
	鞋类		冲调品	医药保健/计生	保健器械
家具/家装	家具		方便速食		保健食品
	家装建材		冷藏/冷冻食品		护理护具
	家装软饰		粮油调味		计生用品
	五金器具		奶制品		中西药品
交通用品	汽车用品		熟食生鲜	饮料	非酒精饮料
美妆护肤	彩妆	数码家电	休闲食品		酒精饮料
	底妆		厨房小电		咖啡和茶
	护肤品		厨卫大电		牛奶
	美妆工具		电脑及配件	园艺花卉/宠物	宠物食品
	香水		个护电器		宠物用品
	卸妆及其他		生活电器		园艺
母婴产品	母婴用品		手机通信		
	奶粉		影音娱乐		
	婴幼儿保健品		智能设备		
	婴幼儿辅食	非标码品	非标码品		

鞋帽包括八个二级品类，家具/家装包括四个二级品类，交通用品包括一个二级品类，美妆护肤包括六个二级品类，母婴产品包括四个二级品类，日用品包括六个二级品类，食品包括八个二级品类，数码家电包括八个二级品类，文体娱乐包括五个二级品类，烟草烟具包括两个二级品类，医药保健/计生包括五个二级品类，饮料包括四个二级品类，园艺花卉/宠物包括三个二级品类。总体来看，品类划分为 14 个一级品类，65 个二级品类。其中，非标码品不纳入后续分析。

为展示 2020 年上半年各品类产品的销售情况，我们计算了各品类 2020 年 1~6 月相对于 2019 年 1~6 月的店均销售额和店均毛利额的增长率（见表 2-3），并为整体销售排名前 20 名的品类绘制了增长象限图（见图 2-20）。

表 2-3　2020 年上半年各品类销售同比增长情况　　单位:%

品类	店均销售额同比增长	店均毛利额同比增长
粮油调味	38.24	80.77
休闲食品	19.14	37.11
牛奶	13.61	−7.07
烟草	−9.18	−5.25
非酒精饮料	−2.59	−4.22
个人护理	3.95	10.81
卫生清洁	9.93	28.87
方便速食	56.67	101.31
酒精饮料	−2.91	9.61
冷藏/冷冻食品	87.07	162.33
熟食生鲜	85.16	142.52
冲调品	13.41	30.96
餐饮用具	8.24	19.66
居家日用	8.18	14.45
奶粉	−21.09	−19.80
护肤品	−11.85	4.30
咖啡和茶	−10.72	−14.07
保健食品	−18.45	−4.56
奶制品	50.70	50.79
洗浴用品	−3.43	1.54

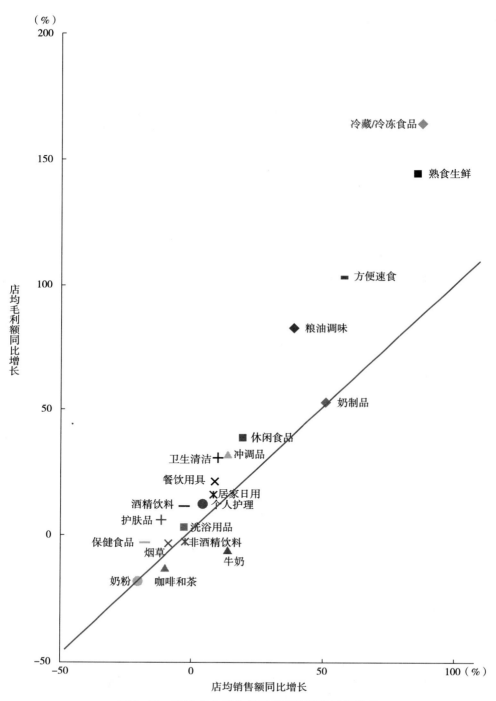

图 2-20　2020 年上半年各品类销售同比增长情况

由图 2-20 可见，2020 年上半年，冷藏/冷冻食品、熟食生鲜、方便速食、粮油调味、奶制品、休闲食品、冲调品、卫生清洁、餐饮用具、居家日用、个人护理等居家饮食、日用品类的销售和毛利有一定的增长。这与人们的生活方式变化是直接相关的，更长的居家生活带来了食品、日用品类的销售增长。同时，在2020 年上半年，酒精饮料、护肤品、非酒精饮料、烟草、保健食品、咖啡和茶、奶粉等品类的销售却有所下降，主要是由于这些品类大多与社交生活、工作生活相关。

图中斜线为横纵轴的等幅增长线，可用于展现各品类的相对毛利优势。向上偏离该等线幅度越大的品类，其毛利相对于销售额的增长越大，体现的毛利优势越强。向下偏离该等线幅度越大的品类，其销售增长对应的毛利下降越大，体现的毛利劣势越强。图中大部分品类都具有一定的毛利优势，奶制品和奶粉的店均销售额和店均毛利更为同步的变动状态，非酒精饮料、咖啡和茶、牛奶三个品类出现了毛利相对负增长情况，其中牛奶的毛利劣势更为明显。

为了更好地展现各品类的发展情况，本部分整理了各品类产品在 2019 年1 月到 2020 年 7 月的销售贡献和毛利贡献表现。品类销售贡献是该品类的销售额占所有品类销售额的比率，品类毛利贡献是该品类的毛利额占所有品类毛利额的比率，这两个比率可以剔除整体销售增减趋势的影响，较好地衡量各品类产品的相对贡献情况。整体品类销售贡献排名如表 2-3 所示。不考虑"非标码品"品类，销售贡献前 20 的品类分别是粮油调味、休闲食品、牛奶、烟草、非酒精饮料、个人护理、卫生清洁、方便速食、酒精饮料、冷藏/冷冻食品、熟食生鲜、冲调品、餐饮用具、居家日用、奶粉、护肤品、咖啡和茶、保健食品、洗浴用品、奶制品。

表 2-4　销售贡献排名　　　　单位：%

排名	品类	销售贡献	毛利贡献	排名	品类	销售贡献	毛利贡献
1	非标码品	54.49	57.32	8	卫生清洁	2.97	2.71
2	粮油调味	8.00	6.57	9	方便速食	2.38	2.39
3	休闲食品	6.28	7.52	10	酒精饮料	1.99	2.13
4	牛奶	5.00	2.19	11	冷藏/冷冻食品	1.33	1.45
5	烟草	3.93	2.82	12	熟食生鲜	1.03	1.21
6	非酒精饮料	3.79	3.38	13	冲调品	1.01	1.07
7	个人护理	3.31	3.62	14	餐饮用具	0.90	1.43

续表

排名	品类	销售贡献	毛利贡献	排名	品类	销售贡献	毛利贡献
15	居家日用	0.49	0.62	42	底妆	0.01	0.01
16	奶粉	0.44	0.20	43	配饰	0.01	0.01
17	护肤品	0.40	0.41	44	汽车用品	0.01	0.01
18	咖啡和茶	0.37	0.42	45	婴幼儿保健品	0.00	0.00
19	保健食品	0.28	0.27	46	手机通信	0.00	0.01
20	洗浴用品	0.22	0.44	47	火机烟具	0.00	0.01
21	奶制品	0.20	0.23	48	婴幼儿辅食	0.00	0.00
22	母婴用品	0.15	0.15	49	男装	0.00	0.00
23	生活电器	0.14	0.09	50	厨卫大电	0.00	0.00
24	五金器具	0.12	0.18	51	宠物食品	0.00	0.00
25	文化办公用品	0.09	0.15	52	睡衣	0.00	0.00
26	鞋类	0.09	0.17	53	女装	0.00	0.00
27	内衣	0.07	0.12	54	智能设备	0.00	0.00
28	中西药品	0.07	0.04	55	卸妆及其他	0.00	0.00
29	玩具乐器	0.06	0.11	56	箱包	0.00	0.00
30	袜子	0.06	0.12	57	园艺	0.00	0.00
31	计生用品	0.04	0.07	58	保健器械	0.00	0.00
32	茶叶	0.04	0.06	59	童装和配饰	0.00	0.00
33	美妆工具	0.04	0.05	60	彩妆	0.00	0.00
34	床上用品	0.04	0.05	61	礼品	0.00	0.00
35	个护电器	0.04	0.05	62	香水	0.00	0.00
36	护理护具	0.02	0.02	63	宠物用品	0.00	0.00
37	家具	0.02	0.04	64	电脑及配件	0.00	0.00
38	运动户外	0.02	0.04	65	影音娱乐	0.00	0.00
39	厨房小电	0.01	0.01	66	摄影摄像	0.00	0.00
40	家装软饰	0.01	0.02	67	花卉绿植	0.00	0.00
41	家装建材	0.01	0.01			—	

下面分别展示总销售贡献排名前 20 的品类的发展贡献情况，希望提供更全面的 2020 年上半年各品类销售贡献情况的图谱。

2.3.1 粮油调味品类发展情况

2019年1月至2020年7月，粮油调味品销售贡献大体高于毛利贡献，说明该品类的产品获利能力不高。但该品类产品的整体销售贡献达到8%，是零售业满足顾客需求的重要的基础性产品。从整体来看，粮油调味品类的发展较为稳定，在2020年上半年，该品类产品的销售和毛利贡献有了小幅提升，应与消费者居家生活就餐的生活状态变化有关，但该提升效应自5月开始已逐渐回落。粮油调味品类产品一直是自有品牌的优势品类，极具价格优势与渠道优势，该品类在2020年上半年的良好表现可充分说明这一点。如图2-21所示。

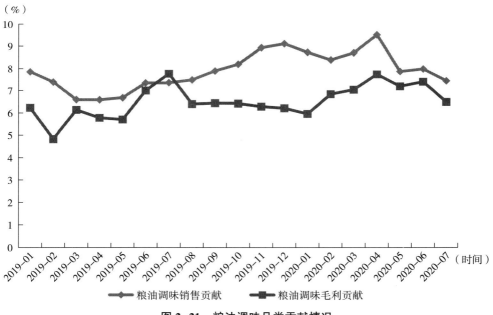

图2-21 粮油调味品类贡献情况

2.3.2 休闲食品品类发展情况

2019年1月至2020年7月，休闲食品的销售贡献均值为6.28%，位居第二，是零售店重要的销售品类，同时其毛利贡献达到了7.52%，是零售店最重要的毛利来源，属于高效品类。该品类的发展较为平稳，与2019年下半年相比，2020年上半年该品类的销售和毛利贡献小幅增加。零售商应重视这一品类的发展，同时充分发挥自有品牌毛利优势，增强本品类高效的特点。

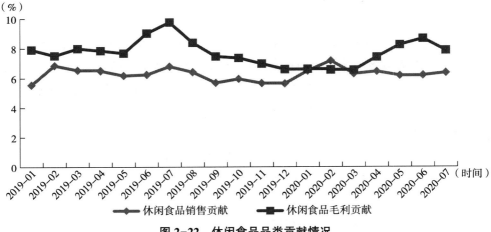

图2-22　休闲食品品类贡献情况

2.3.3　牛奶品类发展情况

2019年1月至2020年7月，牛奶的销售贡献较大幅度高于毛利贡献，说明该品类的获利能力有限。2019年9月之后牛奶产品的销售贡献出现了一定程度的下滑，但自2020年2月开始，牛奶的销售贡献出现较大程度的回升，其毛利贡献则增幅较缓。牛奶这一品类呈较明显的"U"形波动，符合整个零售业态的规律，该品类存在一定的市场风险。如图2-23所示。

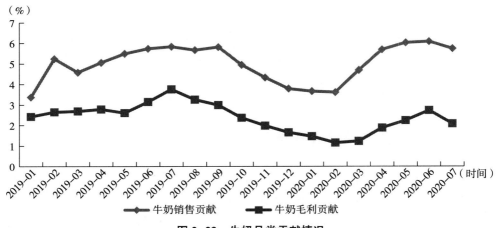

图2-23　牛奶品类贡献情况

2.3.4 烟草品类发展情况

2019 年 1 月至 2020 年 7 月，烟草的销售贡献大体高于毛利贡献。2020 年
2 月和 3 月的销售贡献和毛利贡献均低于其他月份，2020 年 4 月以后，销售贡献
和毛利贡献逐渐恢复，但整体仍低于往年水平，或是由于消费者对健康更加重
视。从图 2-24 来看，烟草品类有明显"U"形波动趋势，根据往期市场经验，
开发该品类存在较高风险，可能存在持续的负面影响。

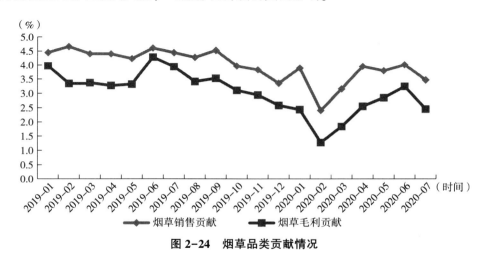

图 2-24 烟草品类贡献情况

2.3.5 非酒精饮料品类发展情况

2019 年 1 月至 2020 年 7 月，非酒精饮料的销售贡献与毛利贡献程度较为相
仿，变化趋势也大致相同。2020 年与 2019 年的发展趋势较为类似，但整体贡献
程度偏低，因此 2020 年上半年该品类总体表现低于 2019 年。如图 2-25 所示。

2.3.6 个人护理品类发展情况

2019 年 1 月至 2020 年 7 月，个人护理的销售贡献与毛利贡献趋势大致相同。
2020 年 1~7 月，个人护理的毛利贡献和销售贡献均出现上升的态势。在 2020 年
上半年，该品类产品的销售贡献小幅提升，但毛利贡献的表现低于 2019 年。由

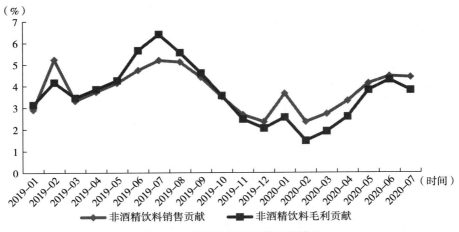

图2-25 非酒精饮料品类贡献情况

此可见，该品类呈"U"形波动，存在一定的市场风险，扩充该品类时应综合考虑市场供需关系。如图2-26所示。

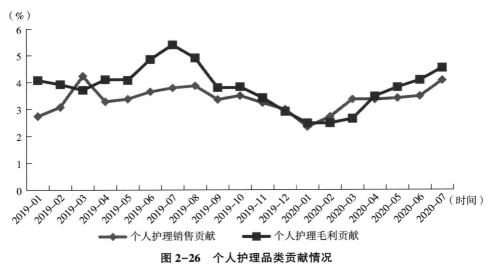

图2-26 个人护理品类贡献情况

2.3.7 卫生清洁品类发展情况

2019年1月至2020年7月，卫生清洁的销售贡献与毛利贡献大体相仿，变化趋势大致相同。2020年1~6月，卫生清洁的毛利贡献保持在2.00%以上，销售贡献保持在 2.31% 以上，且均出现上升的态势。如图 2-27 所示。由此得出，2020 年上半年该品类的市场反应良好，并未发生明显波动。

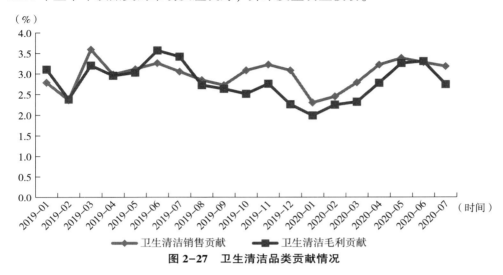

图 2-27　卫生清洁品类贡献情况

2.3.8　方便速食品类发展情况

2019 年 1 月至 2020 年 7 月，方便速食的销售贡献与毛利贡献大体相仿，变化趋势大致相同。2020 年 1~2 月，方便速食的毛利贡献和销售贡献快速增长，在 3~7 月逐渐回落，但仍高于往年水平。如图 2-28 所示。2020 年上半年方便速

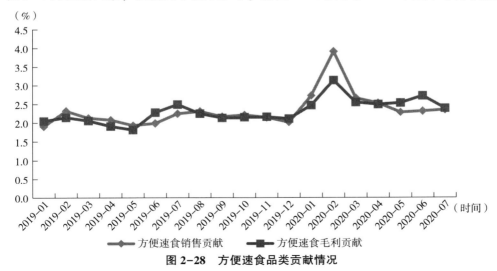

图 2-28　方便速食品类贡献情况

食产品获得了较大幅度的短期发展，应是来自隔离期间消费者居家就餐频率的增长，但该促进效应能否在更长的时段内存续仍有待观察。

2.3.9　酒精饮料品类发展情况

2019年1月至2020年7月，酒精饮料的销售贡献与毛利贡献趋势大致相同。2019年2月和2020年1月，酒精饮料的消费因为春节的缘故大幅增长，之后出现大幅下降。如图2-29所示。酒精饮料的销售量在2020年上半年有所下降，之后缓慢回弹。酒精饮料品类发展呈"V"形波动，即2020年1月和2月出现下降，之后开始缓慢回升到预期水平。

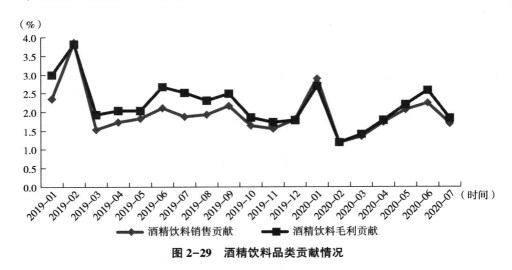

图2-29　酒精饮料品类贡献情况

2.3.10　冷藏/冷冻食品品类发展情况

2019年1月至2020年7月，冷藏/冷冻食品的销售贡献与毛利贡献趋势大致相同。2020年2月，冷藏/冷冻食品的毛利贡献和销售贡献大幅上升，之后逐渐回落，但品类贡献整体高于2019年。如图2-30所示。2020年上半年冷藏/冷冻产品获得了明显的短期正向刺激，应是来自消费者居家就餐频率的增加。随着越来越多的消费者回归工作场所，以及越来越多的餐饮商家重新开放，该品类的正向增长应会逐渐弱化。

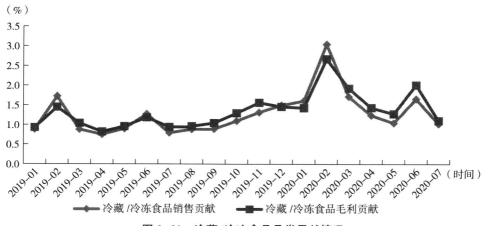

图 2-30　冷藏/冷冻食品品类贡献情况

2.3.11　熟食生鲜品类发展情况

熟食生鲜类自 2019 年 1 月以来呈现了比较稳定的向上发展的态势，在 2020 年 2 月出现了较大幅度的提升，2020 年上半年该品类的销售贡献表现良好。如图 2-31 所示。该品类中销售贡献和毛利贡献存在一定的差异性波动，企业可更关注该品类的毛利管理。

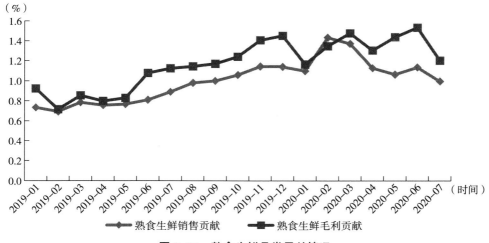

图 2-31　熟食生鲜品类贡献情况

2.3.12　冲调品品类发展情况

2019 年 1 月至 2020 年 7 月，冲调品的销售贡献与毛利贡献趋势大致相同。冲调品品类在 2019 年春节期间有较高的贡献表现，但在 2020 年春节则出现了相对下滑，如图 2-32 所示。该品类的贡献情况存在一定的季节波动，但 2020 年的波动情况更为缓和。2020 年上半年冲调品的销售情况波动较小。

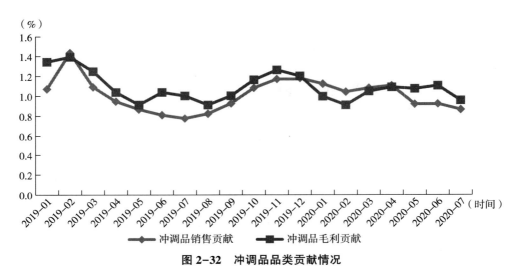

图 2-32　冲调品品类贡献情况

2.3.13　餐饮用具品类发展情况

餐饮用具品类的销售贡献表现较为稳定，2020 年 2 月出现小幅下降态势，出现小幅度的"V"形波动。如图 2-33 所示。该品类的毛利贡献整体高于销售贡献，同时波动性更强，自 2020 年 2 月以后呈现了较稳定的小幅增长状况。

2.3.14　居家日用品类发展情况

2019 年 1 月至 2020 年 7 月，居家日用的销售贡献与毛利贡献趋势大致相同。6 月是居家日用销售最好的月份，2019 年 6 月和 2020 年 6 月的销售贡献与毛利贡献均达到峰值。如图 2-34 所示。2020 年 2~6 月，居家日用的毛利贡献和销售贡献均出现上升的态势。在 2020 年上半年，居家日用品类产品受到了短期正面

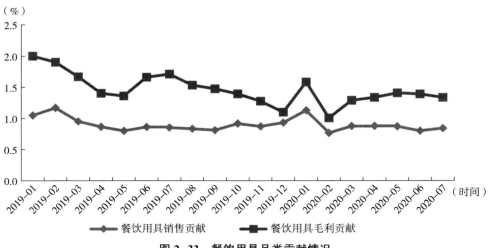

图 2-33 餐饮用具品类贡献情况

的影响，销量有明显的上升，销售贡献提高，随着越来越多的消费者减少居家时间回归工作场所，该品类的正向增长会有所回落。

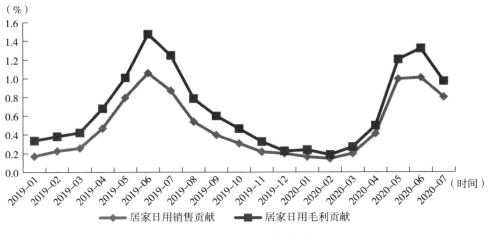

图 2-34 居家日用品类贡献情况

2.3.15 奶粉品类发展情况

2019 年 1 月至 2020 年 7 月，奶粉的销售贡献与毛利贡献趋势大致相同。奶粉的销售贡献整体上高于毛利贡献。2020 年 1 月，奶粉的毛利贡献和销售贡献在所有的统计月份中达到最低值，2~3 月逐渐上升，7 月的销量仍没有恢复，毛利贡献和销售贡献仍低于 2019 年。如图 2-35 所示。奶粉品类的销售贡献及毛利贡献若要恢复到原有水平或需较长时间。

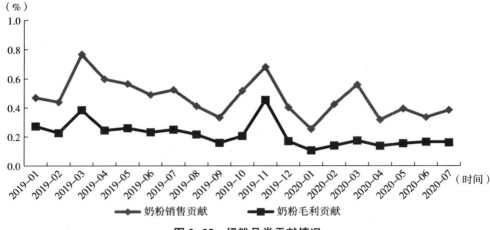

图 2-35　奶粉品类贡献情况

2.3.16　护肤品品类发展情况

进入 2020 年后，护肤品品类整体贡献水平出现了较大幅度的下降，2020 年 1~5 月，护肤品的毛利贡献和销售贡献均低于 2019 年同期。如图 2-36 所示，由于 2020 年上半年消费者大多居家隔离或居家办公，对于护肤品的需求降低，使

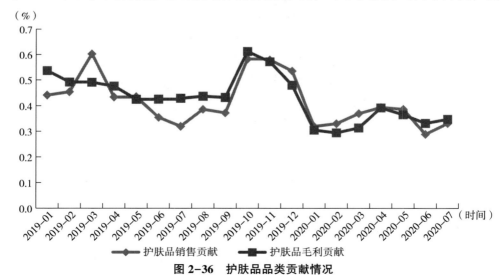

图 2-36　护肤品品类贡献情况

该品类的销售贡献显著下降。护肤品品类受居家隔离及佩戴口罩等因素的长期、负面影响，需要更长的时间来恢复至原有水平。

2.3.17　咖啡和茶品类发展情况

2019年1月至2020年7月，咖啡和茶的销售贡献与毛利贡献趋势大致相同。咖啡和茶的销售存在明显的季节周期，2~7月，咖啡和茶的销售不断增加，8月至次年1月，咖啡和茶的销量减少。如图2-37所示。2020年上半年该品类的销售贡献与2019年同期差异较小，但毛利贡献比上年略低。

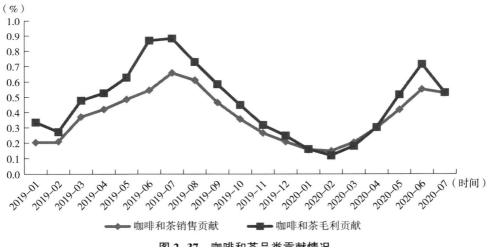

图2-37　咖啡和茶品类贡献情况

2.3.18　保健食品品类发展情况

2019年2月和2020年1月是当年的春节时段，保健食品作为重要的节庆礼品，在春节期间销售贡献出现明显上升。受居家隔离的影响，2020年春节时段保健食品的贡献程度低于2019年，3月后保健食品的毛利贡献和销售贡献逐渐恢复常态。如图2-38所示。

2.3.19　洗浴用品品类发展情况

2019年1月至2020年7月，洗浴用品的毛利贡献整体上高于销售贡献。

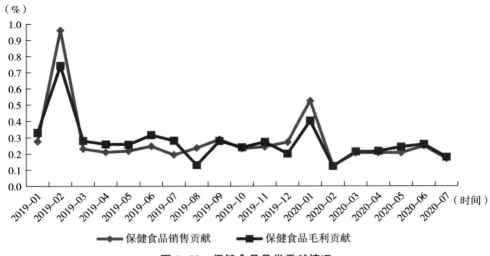

图 2-38 保健食品品类贡献情况

2020 年 2~4 月，洗浴用品的毛利贡献和销售贡献均低于 2019 年同期。2020 年 2~7 月，洗浴用品的毛利贡献和销售贡献呈逐渐上升的态势。显然，就 2020 年上半年而言，洗浴用品类产品的销售贡献及毛利贡献只在 2020 年初期有明显下降，之后缓慢回升。如图 2-39 所示。

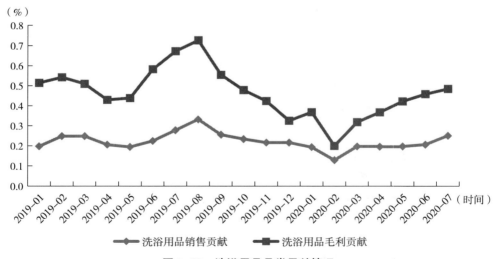

图 2-39 洗浴用品品类贡献情况

2.3.20　奶制品品类发展情况

2019 年 1 月至 2020 年 7 月，奶制品的销售贡献与毛利贡献呈 "V" 形波动上升趋势，尤其进入 2020 年后发展势头强劲。如图 2-40 所示。整体来看，该品类的贡献程度较小，具有较大的发展空间，是一个典型的 "潜力" 品类。该品类的销售贡献和毛利贡献存在差异化变化，需要更多关注毛利管理。

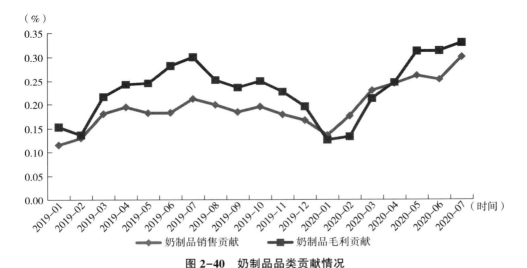

图 2-40　奶制品品类贡献情况

3
中小型零售商自有品牌发展情况

第 2 章分析了 2019~2020 年中小型零售商的整体销售情况，为了深入了解其中自有品牌的发展情况，本章提取了整体数据中的自有品牌销售数据进行分析。

3.1 中小型零售商自有品牌销售情况

3.1.1 自有品牌销售贡献和毛利贡献持续增长，2020 年上半年销售表现良好

为了更好地展示自有品牌的整体销售情况，下面选取自有品牌的销售贡献和毛利贡献作为分析指标。自有品牌销售贡献是自有品牌销售额占整体销售额的比值，自有品牌毛利贡献是自有品牌毛利额占整体毛利额的比值。这两个指标通过份额的形式展示了自有品牌销售在零售业整体销售中的贡献程度，剔除了整个行业的发展影响，可以有效体现自有品牌在整体零售中的相对重要性。同时展示了2020 年 1~7 月自有品牌的销售和毛利贡献相对于 2019 年的月度同比增长情况，剔除季节波动等因素的影响，可以更准确地反映自有品牌与往年同期相比的相对发展速度。

自 2019 年开始，自有品牌的销售贡献呈现了持续上涨的趋势。2019 年初自有品牌销售贡献仅占整体销售的 0.67%，到 2020 年该数据已实现翻倍。2020 年上半年自有品牌销售体现出了更强劲的发展趋势，同比增长率在 2 月达到了115%，2~6 月的销售贡献同比增长维持在了 50% 以上。说明疫情期间自有品牌充分发挥了质优价低的固有优势，赢得了消费者的青睐。随着社会运行秩序逐步

恢复，5 月之后自有品牌表现也逐渐回归稳态。到 7 月自有品牌贡献率维持在了 1.42% 的水平上，仍保持了 18% 的同比增长。如图 3-1 所示。整体来看，自有品牌的销售贡献保持了积极增长的态势。但自有品牌的发展仍处于初期阶段，整体销售贡献尚处于低位，未来有较大的发展空间。

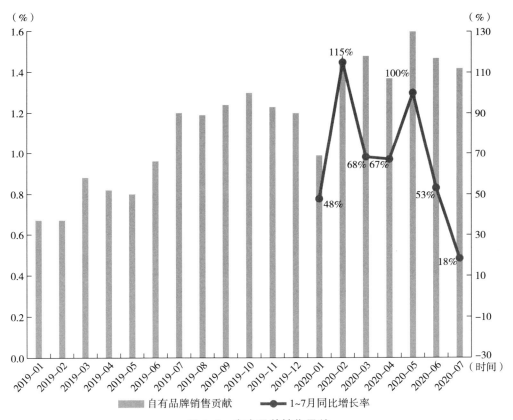

图 3-1　自有品牌销售贡献

自有品牌毛利贡献如图 3-2 所示，整体趋势与销售贡献相似。2019 年自有品牌毛利贡献的整体呈增长趋势，自有品牌毛利贡献在 12 月达到了当年的最高值 2.98%，相比 1 月的 1.42% 翻了 1 倍还多。进入 2020 年后，自有品牌实现了较高的同比增长，1~6 月的自有品牌毛利贡献均高于 2019 年同期。其中 2 月的自有品牌毛利贡献的同比增长率为 108%，为 7 个月中增幅最高，此后的 3~5 月自有品牌毛利贡献的同比增长率仍维持了 70%~80% 的高增长。6~7 月自有品牌毛利贡献出现回落，6 月同比增长 30%，7 月出现了 7% 的同比负增长。如图 3-2 所示。整体来看，自有品牌的毛利贡献在 2020 年上半年呈明显的增长趋势，此

外，自有品牌的毛利贡献约为销售贡献的 2 倍，说明自有品牌拥有极高的毛利优
势，能够为企业盈利发挥重要作用。

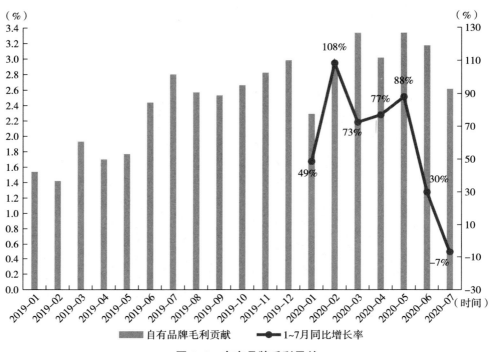

图 3-2　自有品牌毛利贡献

3.1.2　自有品牌毛利率维持高位稳定，2020 年上半年实现了同比增长

自有品牌能取得相当于 2 倍销售贡献的毛利贡献，其根本原因在于自有品牌
拥有较高的毛利率。2019 年 1 月到 2020 年 7 月的自有品牌毛利率变化情况如图
3-3 所示。整体来看，自有品牌的毛利率相对稳定，处于 30% 以上的高位状态。
2019 年自有品牌毛利率大致在 30%~33% 波动，自有品牌毛利率的最高值为
10 月的 33.1%，最低值为 1 月的 30.4%。进入 2020 年后，自有品牌毛利率出现
了短期的增长态势。1 月和 2 月的自有品牌毛利率的同比增长率达到了 15%，为
7 个月中增幅最高，3 月的自有品牌毛利率同比增长 11%。在一定程度上是因为
很多产品出现了供不应求的状态，产品价格随之提高。很多中小型零售商受到冲
击后反应迅速，积极开发了消杀产品等多项强需求产品，因此产生了较大幅度的

毛利率提升。此后的 3~7 月，自有品牌毛利率的同比增长率逐月递减，回归正常水平。如图 3-3 所示。

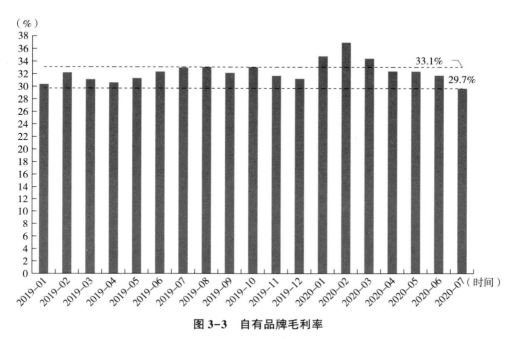

图 3-3 自有品牌毛利率

3.1.3 2020 年上半年自有品牌实现了订单占比和客单价的双增长

自有品牌订单占比是指所有销售订单中含有自有品牌的销售订单的比例，可以体现自有品牌吸引顾客的能力。自有品牌订单占比情况如图 3-4 所示。2019 年自有品牌订单占比呈整体增长的趋势，自有品牌订单占比的最低值为 2 月的 3.04%，最大值为 11 月的 4.76%。2020 年上半年，自有品牌订单占比出现了较高的同比增长。其中 2 月的自有品牌订单占比的同比增长率为 126%，在 7 个月中增幅最高。此后的 3~7 月，自有品牌订单占比的同比增长率虽然逐渐下降，但至 2020 年 7 月仍保持了 27% 的同比增长。自有品牌订单占比维持了持续的提升状态，2 月更是出现了爆发式增长。这体现出疫情大幅提高了消费者对自有品牌的接受度，自有品牌在获客和重购方面获得了十分积极的发展。

就客单价来看，自有品牌客单价在 2020 年出现了较高的提升，如图 3-5 所示。2019 年自有品牌客单价存在较大波动，自有品牌客单价的最大值为 2 月的

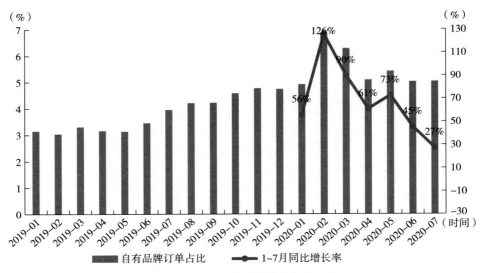

图 3-4　自有品牌订单占比

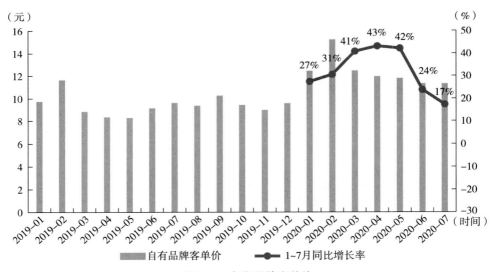

图 3-5　自有品牌客单价

11.7 元，最低值为 5 月的 8.3 元。2020 年 1 月自有品牌客单价出现大幅上升，2 月自有品牌客单价达到峰值 15.2 元，之后逐步下降。就同比增长情况而言，2020 年 1~7 月自有品牌客单价的同比增长率处于 17%~43%。综合来看，2020 年上半年消费者的自有品牌订单量和购买金额均有所增加，疫情提高了消费者对自有品牌的认知和接纳。零售企业需要再接再厉，充分抓住机遇，维持 2020 年上半年的高速增长势能，强化消费者对自有品牌的消费黏性，将自有品牌销售上的短期优势转化成自有品牌发展的长期优势。

3.2　中小型零售商自有品牌毛利情况

如前文所述，中小型零售商开发自有品牌的主要原因在于期望通过自有品牌获取更高的毛利。开发自有品牌可以让零售商直接对接生产方，省去了很多的中间环节，可有效节省交易费用和流通成本。同时，零售商的身份又可以使其在进行自有品牌销售时有效节省渠道费用和推广费用。成本的大幅降低使自有品牌有能力在保持低价的同时维持较高的毛利，可以为零售商带来更高的获益。为了更清楚地展示自有品牌到底具有多大的毛利优势，以及零售商可以如何利用自有品牌的毛利优势，下面对自有品牌毛利情况进行了多角度的分析。

3.2.1　自有品牌毛利率大部分处于品类整体毛利率的2倍以上，具有显著的毛利优势

表3-1展示了2019年和2020年1~7月各品类自有品牌毛利率和各品类的整体毛利率，并计算了前者相对后者的比值以体现各品类中自有品牌相对于品类平均水平的毛利优势，在此命名为自有品牌毛利优势倍数。从表中可知，在29个自有品牌开发品类中，各品类的自有品牌毛利率均高于品类平均毛利率。2019年自有品牌在各品类上的毛利率处于24.29%~62.39%，品类平均毛利率处于6.55%~33.73%，各品类自有品牌毛利率是品类平均毛利率的1.37~4.09倍。2020年自有品牌在各品类上的毛利率处于18.33%~80.34%，品类平均毛利率处于5.97%~34.30%，各品类自有品牌毛利率是品类平均毛利率的1.19~4.73倍。

具体来看，2019年自有品牌毛利优势最高的品类是牛奶，毛利率为26.79%，是该品类整体毛利率的4.09倍。其次是母婴用品（3.89倍）和美妆工具（3.23倍）。在当年所有自有品牌开发品类中，62.5%的品类自有品牌毛利优势倍数大于2。2020年1~7月自有品牌毛利优势最高的品类是新开发的烟草品类，毛利率为58.41%，是该品类整体毛利率的4.73倍。其次是牛奶（4.05倍）和计生用品（3.32倍）。在该时段所有自有品牌开发品类中，55.2%的品类自有

品牌毛利优势倍数大于2。相比于品类平均水平，自有品牌体现出了极强的毛利优势，自有品牌开发必将成为零售商的重要发展战略。

表3-1　各品类自有品牌毛利优势

品类	2019 年			2020 年 1~7 月		
	自有品牌毛利率（%）	品类整体毛利率（%）	自有品牌毛利率/品类整体毛利率（倍）	自有品牌毛利率（%）	品类整体毛利率（%）	自有品牌毛利率/品类整体毛利率（倍）
烟草	—	12.06		58.41	12.35	4.73
牛奶	26.79	6.55	4.09	24.16	5.97	4.05
计生用品	—	25.93	—	80.34	24.20	3.32
美妆工具	60.98	18.88	3.23	60.15	18.23	3.30
母婴用品	61.72	15.88	3.89	53.30	17.54	3.04
个人护理	50.19	17.70	2.84	52.15	17.82	2.93
非酒精饮料	33.63	14.26	2.36	34.92	13.15	2.66
保健食品	44.85	15.44	2.90	46.98	17.85	2.63
床上用品	62.39	25.00	2.50	63.12	24.03	2.63
粮油调味	34.03	12.35	2.76	35.33	14.32	2.47
非标码品	35.84	13.65	2.63	36.38	15.60	2.33
个护电器	58.44	23.57	2.48	51.44	23.14	2.22
居家日用	43.69	21.77	2.01	48.06	21.66	2.22
冲调品	42.08	16.97	2.48	36.53	16.98	2.15
五金器具	—	25.49	—	52.05	24.56	2.12
卫生清洁	33.68	13.76	2.45	33.32	16.14	2.06
方便速食	31.43	16.20	1.94	33.78	17.00	1.99
家装建材	47.28	23.57	2.01	48.11	24.56	1.96
家装软饰	60.87	27.09	2.25	58.86	30.20	1.95
酒精饮料	28.51	17.53	1.63	34.12	17.80	1.92
餐饮用具	48.37	26.32	1.84	50.33	27.81	1.81
休闲食品	32.16	19.89	1.62	36.15	20.71	1.75

品类	2019 年			2020 年 1~7 月		
	自有品牌毛利率（%）	品类整体毛利率（%）	自有品牌毛利率/品类整体毛利率（倍）	自有品牌毛利率（%）	品类整体毛利率（%）	自有品牌毛利率/品类整体毛利率（倍）
洗浴用品	50.24	33.29	1.51	49.90	34.30	1.45
家具	38.86	27.16	1.43	38.87	27.98	1.39
冷藏/冷冻食品	29.99	15.97	1.88	24.22	17.79	1.36
熟食生鲜	24.29	17.67	1.37	26.25	20.54	1.28
护理护具	58.47	33.73	1.73	18.33	14.53	1.26
鞋类	—	28.94	—	38.41	31.64	1.21
运动户外	—	31.85	—	37.38	31.54	1.19

3.2.2　自有品牌开发呈现"药妆"趋向，药妆店或成零售行业新风口

通过对自有品牌的毛利率进行排序可以看出，高毛利品类在一定程度上具有关联性。如计生用品、美妆工具、母婴产品、个人护理、个护电器、洗浴用品、保健食品等毛利高于40%的品类大部分都与健康美容相关，也都是药妆店中常常出现的品类。这些品类主要面对老人和女性，往往具有较高的消费频率和消费黏性，具有很大的市场潜力。同时，这些品类的产品往往体积较小，保质期长，具有更低的仓储运营成本。在这些品类进行自有品牌开发具有极高的毛利优势，可以让零售企业用更优惠的价格吸引用户，又可以保证其高收益。综上，对零售企业来说"药妆式"自有品牌开发具有明确的优势。同时，中国的医药市场改革也为零售企业销售非处方药物提供了便利，让药妆结合的销售方式变得更加可行。如表3-2所示。

药妆店零售形态最为发达的国家是日本，日本的药妆店已实现了很高的社会普及程度，同时吸引了众多赴日旅游消费者的青睐，甚至开启了海外扩张模式。日本药妆店中销售非处方药品、保健品、卫生清洁用品、个人护理用品、母婴产品、化妆品、日用品、食品饮品等多种产品，因其多品类、低价格的优势广受民众欢迎。零售商在进行自有品牌开发的过程中已大量涉及了相应品类的产品，当

药妆类产品的单品数达到较大规模后，零售商就有机会对这些自有品牌产品进行整合，形成单独的药妆板块或成立独立的药妆店。虽然在中国尚未拥有成形的药妆店零售业态，但市场上已经有了多种较为成熟的相关业态，如连锁药店，以屈臣氏为代表的保健美容零售店以及以名创优品为代表的低价生活百货店。对于商超等零售商来说，其自有品牌开发涵盖的品类更为齐全，与社区的联系也更为紧密，在药妆式发展的道路上具有更明确的优势，或将主导中国零售业下一轮的药妆式变革。

表 3-2　各品类自有品牌毛利率情况　　　　单位:%

品类	2019 年	2020 年 1~7 月
	自有品牌毛利率	自有品牌毛利率
计生用品	—	80. 34
床上用品	62. 39	63. 12
美妆工具	60. 98	60. 15
家装软饰	60. 87	58. 86
烟草	—	58. 41
母婴用品	61. 72	53. 30
个人护理	50. 19	52. 15
五金器具	—	52. 05
个护电器	58. 44	51. 44
餐饮用具	48. 37	50. 33
洗浴用品	50. 24	49. 90
家装建材	47. 28	48. 11
居家日用	43. 69	48. 06
保健食品	44. 85	46. 98
家具	38. 86	38. 87
鞋类	—	38. 41
运动户外	—	37. 38
冲调品	42. 08	36. 53
非标码品	35. 84	36. 38

品类	2019 年	2020 年 1~7 月
	自有品牌毛利率	自有品牌毛利率
休闲食品	32.16	36.15
粮油调味	34.03	35.33
非酒精饮料	33.63	34.92
酒精饮料	28.51	34.12
方便速食	31.43	33.78
卫生清洁	33.68	33.32
熟食生鲜	24.29	26.25
冷藏/冷冻食品	29.99	24.22
牛奶	26.79	24.16
护理护具	58.47	18.33

3.2.3 自有品牌毛利率存在规模效应，联合开发模式或成中小型零售商的新出路

自有品牌的毛利率受到多种因素的影响，其中一项关键因素就是其生产规模。根据规模经济理论，大规模的生产具备经济效益，扩大生产规模可以有效降低平均成本提高利润水平。因为大规模的生产可以提高资源的利用效率和组织经营效率，这种规模效应可以给企业带来很大的竞争优势。当然规模经济效益并不是毫无止境的，当生产规模过大时，企业将很难对生产的各项要素进行有效的协调，进而产生规模不经济。

对于中小型零售商来说，自有品牌的开发尚处于初级阶段，这段时期内规模经济的效应愈加明显，越大规模的自有品牌生产订单越能带来更高的毛利。为了更好地展示自有品牌毛利的规模效应，本部分提取了蚂蚁商联开发的自有品牌的历史销售数据，以销售量和销售额相对于毛利率做关联分析。数据提取时段起自2018 年 8 月，这时蚂蚁商联自有品牌在售门店达到了 400 家，具备了较完备的销售信息储备。2020 年上半年，自有品牌的开发和销售出现了较大变动，故没有纳入此期间数据，数据提取时段截至 2019 年 12 月。数据包含了 2018 年 8 月至2019 年 12 月共 17 个月的蚂蚁商联自有品牌在售门店数、自有品牌销售量、自有

品牌销售额、自有品牌毛利率。

以自有品牌的销售量和销售额为横轴，以毛利率为纵轴形成散点图并做关联趋势分析。结果显示，随着自有品牌销售量和销售额的提高，其毛利率也呈现了对应的上升趋势，双方发展变化情况符合对数函数关系。对数函数的特征为双方存在同样方向的关联增长，随着销售量和销售额的不断增长，毛利率的增长幅度逐渐降低。二者关系如图3-6、图3-7所示，二者的关联趋势线呈现显著上扬的态势，自有品牌毛利率的规模效应已见端倪。

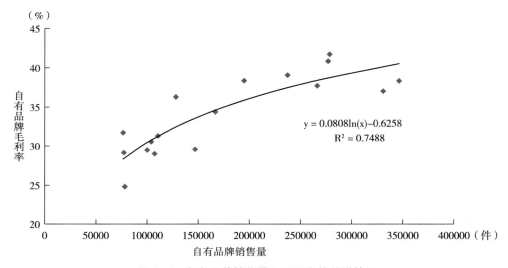

图3-6　自有品牌销售量和毛利率的关联情况

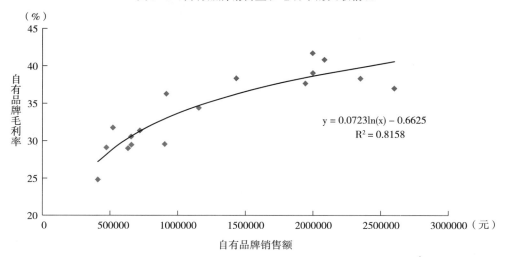

图3-7　自有品牌销售额和毛利率的关联情况

　　自有品牌毛利率的规模效应意味着自有品牌的生产规模存在一个最优值可以实现利益的最大化，但对于中小型零售商来说，其自有品牌的生产规模甚至难以达到生产商初始起订量的要求，更别说达到规模经济的最优生产水平。对于单一中小型零售商来说，要达成自有品牌的规模经济，企业需要投入大量资金进行大量生产，但其自有品牌产品能否获得消费者青睐仍是未知数，企业仍需承担较高的市场风险。即使产品受到市场欢迎，由于企业服务的市场范围较小，单品的销售规模更是有限，根本无法在短期内完成所有销售，反而会产生大量库存成本，这对企业来说得不偿失。故而世界范围内自有品牌做得好的企业往往是大型连锁零售企业，对于中小型零售商来说，自有品牌开发仍是一项艰巨的挑战。在这一背景下，中小型零售商之间展开合作进行联合开发可以有效解决这一问题。

　　合作模式将多家中小型零售企业的力量结合在一起，通过联合采购的方式增加议价能力，并通过专业化的方式进行自有品牌的开发和管理。随着成员企业的增加，每个成员企业都能从规模经济中获得越来越高的利益。自有品牌毛利率和在售门店数量的关联分析显示，二者之间存在显著的线性关系。根据当前数据，自有品牌的销售门店每增加100家，自有品牌的毛利率就可增加4%。如图3-8所示。当然这一增长并不是无止境的，随着在售门店数的不断增加，自有品牌毛利率的增长率会不断减弱。这种联合开发模式有效利用了自有品牌的规模效应，有利于中小型零售商降低自有品牌的开发风险，提高自有品牌开发收益。这是一种高效的合作模式，可以极大增强成员企业的竞争优势，在中国零售业的发展进程中具有战略性意义。

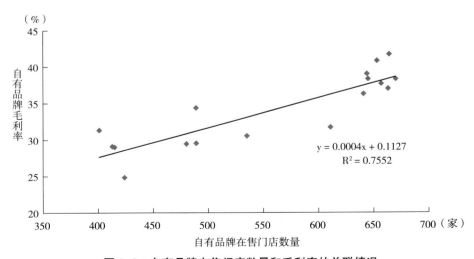

图3-8　自有品牌在售门店数量和毛利率的关联情况

3.3 中小型零售商自有品牌品类发展情况

3.3.1 自有品牌新品持续开发，休闲食品和卫生清洁品类开发活跃度最高

2019 年 1 月至 2020 年 7 月，数据显示自有品牌品类及单品数整体呈增长态势。2019 年 1 月，自有品牌的品类数为 17 个，单品数为 34132 个。仅 19 个月的时间，自有品牌品类及单品数实现大幅增长。截至 2020 年 7 月，自有品牌的品类数增加到 30 个，单品数上升为 137430 个。2020 年上半年，自有品牌的单品开发速度不断加快，2020 年 5 月，自有品牌较 4 月增加了将近 25000 个单品（见表 3-3）。

表 3-3　自有品牌品类及单品分布　　　　单位：个

时间	自有品牌品类数	自有品牌单品数
2019 年 1 月	17	34132
2019 年 2 月	17	35309
2019 年 3 月	17	36428
2019 年 4 月	22	37975
2019 年 5 月	24	46042
2019 年 6 月	24	53899
2019 年 7 月	24	61177
2019 年 8 月	23	64744
2019 年 9 月	24	68992
2019 年 10 月	24	74076
2019 年 11 月	24	79672
2019 年 12 月	25	88891
2020 年 1 月	26	103898
2020 年 2 月	25	90413
2020 年 3 月	27	88532

时间	自有品牌品类数	自有品牌单品数
2020 年 4 月	26	102889
2020 年 5 月	26	127173
2020 年 6 月	26	124774
2020 年 7 月	30	137430

2020 年 1~6 月新增自有品牌单品数为 37927 个。新增自有品牌单品主要集中在食品、日用品等一级品类。从二级品类来看，休闲食品类自有品牌新增单品数最多，1~6 月新增了 16169 个。其次是卫生清洁类自有品牌，新增单品数为 6949 个。鞋类、个人护理、酒精饮料、方便速食、非酒精饮料的各类新增单品数量紧随其后。如表 3-4 所示。可以看出，2020 年上半年中小型零售商并没有放松自有品牌的开发，而是紧紧贴合消费趋势的变化迅速做出了调整跟进。

表 3-4　2020 年上半年自有品牌各品类新增单品数　　　　单位：个

一级品类	二级品类	2020 年 1~6 月
食品	休闲食品	16169
日用品	卫生清洁	6949
服装鞋帽	鞋类	2867
日用品	个人护理	2796
饮料	酒精饮料	2159
食品	方便速食	1984
饮料	非酒精饮料	1856
日用品	洗浴用品	902
非标码品	非标码品	400
日用品	居家日用	384
日用品	餐饮用具	373
食品	冲调品	332
母婴产品	母婴用品	284
医药保健/计生	保健食品	207
饮料	牛奶	172
数码家电	个护电器	54

续表

一级品类	二级品类	2020 年 1~6 月
家具/家装	家具	26
日用品	床上用品	12
美妆护肤	美妆工具	1

3.3.2 不同品类的自有品牌受到不同程度的冲击，但其整体销售表现有所提升

我们统计了 31 个自有品牌品类的在售时长、月均销售额以及新增品类的开发时间，按照月均销售额的大小对其进行排序。如表 3-5 所示，熟食生鲜和粮油调味自有品牌的月均销售额遥遥领先，其次是卫生清洁、休闲食品、牛奶和冷藏/冷冻类食品。此外，近两年自有品牌开发了新的品类，2019 年 4 月新增了护理护具、家装软饰、床上用品、家装建材和美妆工具类自有品牌，2019 年 5 月新增了母婴用品类产品，2020 年 3 月新增了鞋类产品，2020 年 7 月新增了五金器具、烟草、茶叶、计生用品和运动户外类产品。

表 3-5　自有品牌月均销售情况

品类	在售时长（月）	月均销售额（元）	备注
熟食生鲜	19	1712868	—
粮油调味	19	1647648	—
卫生清洁	19	1148119	—
休闲食品	19	925822	—
牛奶	19	534987	—
冷藏/冷冻食品	19	441092	—
餐饮用具	19	302653	—
鞋类	5	273036	2020 年 3 月开发
方便速食	19	233404	—
酒精饮料	19	167086	—
冲调品	19	162192	—
非酒精饮料	19	152181	—

品类	在售时长（月）	月均销售额（元）	备注
个人护理	19	147905	—
非标码品	19	111254	—
保健食品	19	81896	—
洗浴用品	19	79062	—
居家日用	19	50954	—
护理护具	16	17118	2019 年 4 月开发
母婴用品	15	9978	2019 年 5 月开发
个护电器	11	9906	—
五金器具	1	7304	2020 年 7 月开发
家装软饰	16	4062	2019 年 4 月开发
家具	19	2427	—
床上用品	16	1803	2019 年 4 月开发
烟草	1	1170	2020 年 7 月开发
家装建材	16	1094	2019 年 4 月开发
美妆工具	16	631	2019 年 4 月开发
茶叶	1	1479	2020 年 7 月开发
计生用品	1	366	2020 年 7 月开发
运动户外	1	297	2020 年 7 月开发
花卉绿植	1	110	已停售

为了更清晰地了解中小型零售商自有品牌产品的销售和盈利情况，我们以目前在售的 30 个自有品牌品类为研究对象，运用店均销售额、店均毛利额、自有品牌毛利率和品类整体毛利率这四个数据指标对已开发的各品类自有品牌进行数据分析。按照各品类自有品牌产品的开发时间和月均销售额的大小，我们对以上自有品牌品类进行了排序，开发时间在 2019 年且月均销售额较大的品类排在前列。非标码品品类和花卉绿植品类不纳入分析。

在不同品类中，自有品牌产品的销售受到了不同程度的冲击，但从整体来看，自有品牌的销售表现呈增长态势。其中，卫生清洁、餐饮用具、方便速食、保健食品等品类的销售出现了积极的正向增长；冲调品、家居类等品类的销售则受到了一定的负面影响。

3.3.2.1 熟食生鲜类自有品牌销售情况

2019年1月至2020年7月自有品牌食品——熟食生鲜类产品的店均销售额及店均毛利额、自有品牌毛利率和品类整体毛利率如图3-9所示。由图可以看出，熟食生鲜类产品的毛利额相对较低。2019年1月至2020年7月，店均销售额涨幅明显，其中2020年2~3月涨幅最大，涨幅为9973万元；4月有所下降，降至17475万元，之后基本保持稳定。店均毛利额变动趋势与店均销售额同步。自有品牌毛利率基本维持在25%左右，2019年11月至2020年2月有所上涨，从2019年11月的24%上涨至2020年2月的29%，后逐渐下降，回到25%左右。

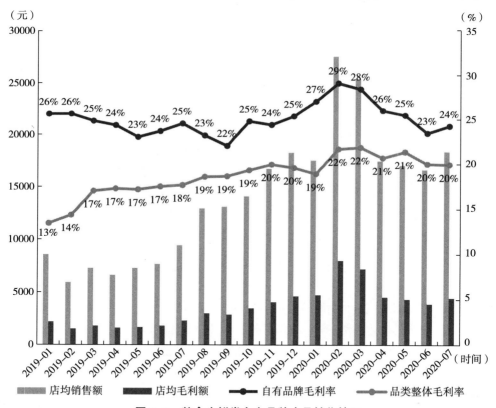

图3-9　熟食生鲜类自有品牌产品销售情况

3.3.2.2 粮油调味类自有品牌销售情况

2019年1月至2020年7月自有品牌食品——粮油调味类产品的店均销售额、店均毛利额、自有品牌毛利率和品类整体毛利率如图3-10所示。2019年1月至

2020 年 7 月，店均销售额呈明显的上升趋势，2020 年 2 月上涨幅度最明显，涨幅为 3404 元，3 月、4 月虽小有回落，但整体上涨趋势不变。虽然店均毛利率同样也有上涨，但上涨幅度并不明显，同时变化趋势与店均销售额同步。自有品牌毛利率虽有几次小幅度波动，但整体趋势稳定在 35% 左右。同样，品类整体毛利率除 2019 年 12 月下降至 10%，其余各月基本在 15% 左右。总体来说，店均销售额、店均毛利额及自有品牌毛利率变化形式基本同步，店均毛利额变化幅度没有店均销售额明显，自有品牌毛利率相对稳定。

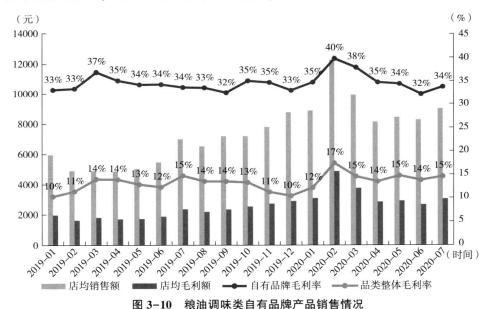

图 3-10　粮油调味类自有品牌产品销售情况

3.3.2.3　卫生清洁类自有品牌销售情况

2020 年 1~7 月，卫生清洁类自有品牌商品的销售业绩增长迅速，店均销售额和店均毛利额远高于 2019 年同期。2020 年 1 月，卫生清洁类自有品牌的店均销售额和店均毛利额较 2019 年 12 月环比增长了 38% 和 55%。除 3 月店均销售额和店均毛利额下降外，1~5 月的店均销售额和店均毛利额逐月上升，5 月的店均销售额和店均毛利额达到了峰值。6 月的店均销售额和店均毛利额小幅度降低，7 月又开始大幅回升。从 2019 年 1 月到 2020 年 7 月，卫生清洁类自有品牌的毛利率一直高于品类整体的毛利率。2 月，自有品牌的毛利率甚至出现了小幅上升。如图 3-11 所示。消费者对卫生清洁类商品的需求在 2020 年上半年显著增加，零售商通过及时开发新的卫生清洁类商品有效满足了用户的需求。

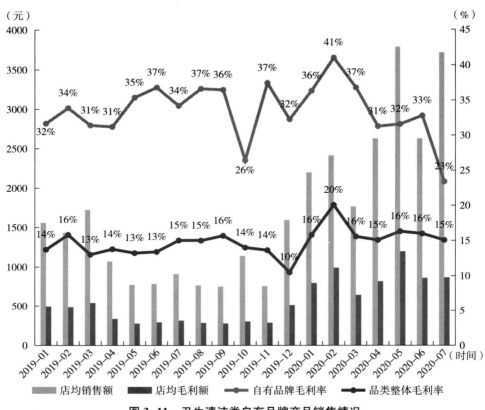

图 3-11　卫生清洁类自有品牌产品销售情况

3.3.2.4　休闲食品类自有品牌销售情况

2019 年 1 月至 2020 年 7 月自有品牌食品——休闲食品类产品的店均销售额、店均毛利额、自有品牌毛利率和品类整体毛利率如图 3-12 所示。由此可以看出，2020 年 1~7 月的店均销售额相对于 2019 年全年有整体性的提高，尤其是在 2020 年 2 月，休闲食品的销售额暴增。同时店均毛利额也有所提高。这主要是由于 2020 年上半年人们的居家时间大幅提高，对休闲食品的需求量增大。虽店均毛利额有所增长，但品类整体毛利率稳定在 20% 左右，基本没有明显变化。自有品牌毛利率从 2019 年 1 月至 2020 年 2 月呈缓慢上升态势，但 2 月以后，几乎回到了 2019 年初的毛利率水平。

3.3.2.5　牛奶类自有品牌销售情况

牛奶品类 2019 年 1 月至 2020 年 7 月店均销售额、店均毛利额、自有品牌毛

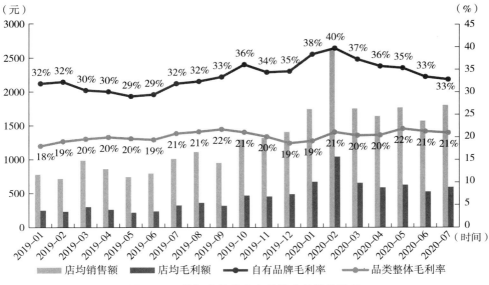

图 3-12 休闲食品类自有品牌产品销售情况

利率和品类整体毛利率如图 3-13 所示。四项指标始终呈波动状态，其中自有品牌毛利率变化较大，在 2020 年 3 月毛利率低至 16%，为 2019 年 1 月至 2020 年 7 月的最低点。而店均销售额在 2019 年 9 月达到 2027 元，为 2019 年 1 月至 2020

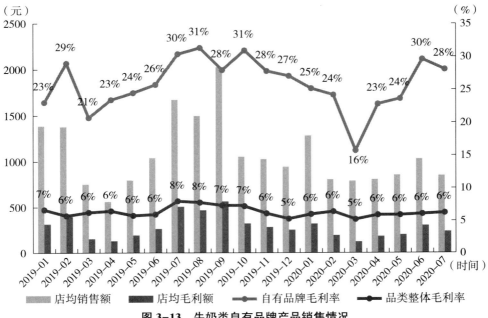

图 3-13 牛奶类自有品牌产品销售情况

年的最高点。整体来说，店均销售额及品类整体毛利率在 2020 年上半年较平稳，无过大涨幅。

3.3.2.6　冷藏/冷冻类自有品牌销售情况

2019 年 1 月至 2020 年 7 月自有品牌食品——冷藏/冷冻类产品的店均销售额、店均毛利额、自有品牌毛利率和品类整体毛利率如图 3-14 所示。2019 年 1 月至 2020 年 7 月，店均销售额、店均毛利额、自有品牌毛利率及品类整体毛利率变化波动较大。2019 年店均销售额在 2~4 月处于较高水平，5~10 月处于较低水平。2020 年 2~3 月受居家隔离影响，该品类销售出现了较大幅度的上涨。4 月后逐渐开始复工复产，其他消费渠道也逐渐恢复，该品类店均销售额及店均毛利率逐步下降。自有品牌毛利率在 2019 年 1 月至 2020 年 7 月波动较大，其中在 2019 年 8 月有明显增长，从 3 月的 26% 涨至 8 月的 38% 后快速下降，12 月时降至最低点 21%，2020 年 2 月回升至 33% 后再次下降。整体来说，自有品牌毛利率出现了下降，逐渐接近品类整体毛利率。品类整体毛利率虽有波动，但基本维持在 13%~18%。

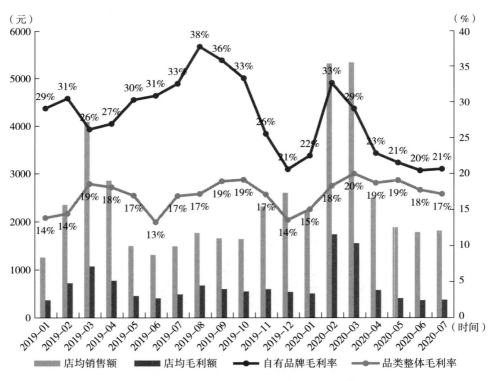

图 3-14　冷藏/冷冻类自有品牌产品销售情况

3.3.2.7　餐饮用具类自有品牌销售情况

日用品系列自有品牌下当前共有 6 个二级品类，分别是餐饮用具、床上用品、个人护理、居家日用、卫生清洁和洗浴用品。从餐饮用具类来说，2020 年1 月的店均销售额和店均毛利额均高于其他月份，其中店均销售额环比增长110%，店均毛利额环比增长 123%。2020 年 2 月的店均销售额和店均毛利额较1 月略有降低，但仍然高于其他月份。2020 年 1~5 月的店均销售额和店均毛利额均高于 2019 年同期，6 月和 7 月的店均销售额和店均毛利额低于 2019 年同期。2019 年 1 月到 2020 年 7 月，餐饮用具类自有品牌的毛利率一直高于品类整体的毛利率。2020 年上半年，自有品牌的毛利率维持在 50% 左右，品类整体毛利率在 30% 左右。整体来看，餐饮用具类自有品牌商品在 2020 年上半年的销售不降反升，店均销售额和店均毛利额均维持在较高水平。如图 3-15 所示。

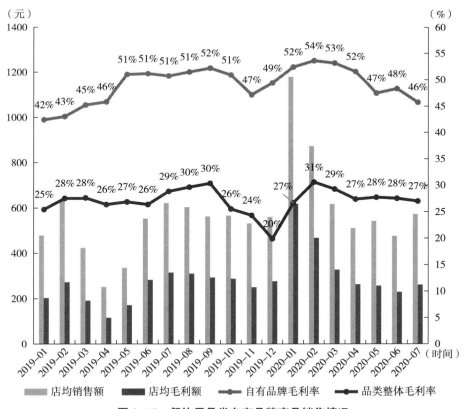

图 3-15　餐饮用具类自有品牌产品销售情况

3.3.2.8　方便速食类自有品牌销售情况

2019 年 1 月至 2020 年 7 月自有品牌食品——方便速食类产品的店均销售额、店均毛利额、自有品牌毛利率和品类整体毛利率如图 3-16 所示。在 2019 年 2 月、3 月及 2020 年 3 月、4 月时店均销售额和毛利额有明显变化，2019 年 3 月、4 月相比于 2019 年其他时间段店均销售额及毛利额较低，5 月有所回升，2020 年 2 月及 3 月有显著提高，4 月开始下降至平均水平，2020 年 6 月、7 月再度降低。品类整体毛利率表现比较平稳，在 2020 年 3 月、4 月时稍有上升后马上恢复。自有品牌毛利率波动较大，分别在 2019 年 6 月和 2020 年 1 月降低了 3.8% 和 2.9%，总体呈上升趋势。

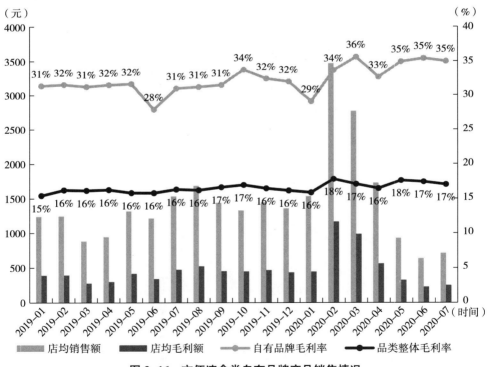

图 3-16　方便速食类自有品牌产品销售情况

3.3.2.9　酒精饮料类自有品牌销售情况

酒精饮料品类 2019 年 1 月至 2020 年 7 月店均销售额、店均毛利额、自有品牌毛利率和品类整体毛利率如图 3-17 所示。店均销售额及店均毛利额在 2019 年暑期及 2020 年上半年较高。自有品牌毛利率在 2019 年 4 月下降幅度最大，较 3 月下降了约 44 个百分点，自 2019 年 4 月至 2020 年 2 月呈波动上涨趋势。整体来看，2020 年 1~7 月酒精饮料店均毛利额及店均销售额相比 2019 年上半年有所上升，2020 年上半年自有品牌毛利率基本维持在 30%~40%，具有较大的利润空间。

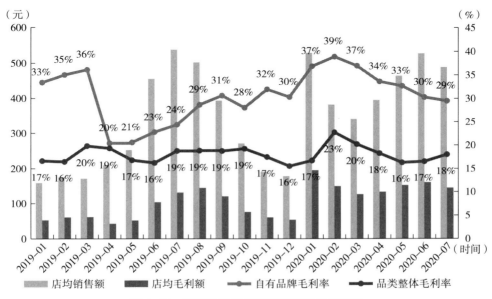

图 3-17　酒精饮料类自有品牌产品销售情况

3.3.2.10　冲调品类自有品牌销售情况

2019 年 1 月至 2020 年 7 月自有品牌食品——冲调品类产品的店均销售额、店均毛利额、自有品牌毛利率和品类整体毛利率如图 3-18 所示。2019 年 1 月到 2020 年 7 月，2019 年的店均销售额及店均毛利额整体低于 2020 年的数据，且 2019 年的数据波动主要集中在 4 月和 5 月，有明显下降，后几个月缓慢回升。2019 年 10 月店均销售额开始明显提高，但相比于店均销售额的增高，2020 年的店均毛利率并未有很大起伏，导致品类整体毛利率在 2020 年时波动较大。同时，自有品牌的毛利率在 2019 年 1 月至 2020 年 7 月波动也较大，且一直维持着下降趋势，在 2019 年 11 月时下降幅度最大，达到 14.7% 后缓慢恢复，但整体还是呈下降状态。总体来说，相比于 2019 年，2020 年店均销售额明显提高，但店均毛利额变化不大。品类整体毛利率基本稳定，但在 2020 年波动相对较大，自有品

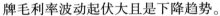

牌毛利率波动起伏大且是下降趋势。

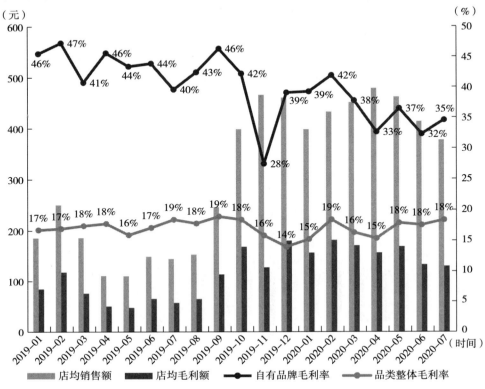

图 3-18　冲调品类自有品牌产品销售情况

3.3.2.11　非酒精饮料类自有品牌销售情况

非酒精饮料类 2019 年 1 月至 2020 年 7 月店均销售额、店均毛利额、自有品牌毛利率和品类整体毛利率如图 3-19 所示。店均销售额、店均毛利额及自有品牌毛利率呈大幅波动的结果，其中 2019 年 2 月和 2020 年 1 月因正值春节期间，店均销售额及店均毛利额大幅增长，相比 2019 年 1 月和 12 月，店均销售额增长率分别为 161% 和 284%，店均毛利增长率分别为 145% 和 447%。整体来看，非酒精饮料的销售及毛利更易受节假日影响。

3.3.2.12　个人护理类自有品牌销售情况

2019 年 1～5 月，个人护理类自有品牌增长缓慢，店均销售额和店均毛利额均处在较低水平。2019 年 6 月，个人护理类自有品牌的销售业绩增长迅速，店均

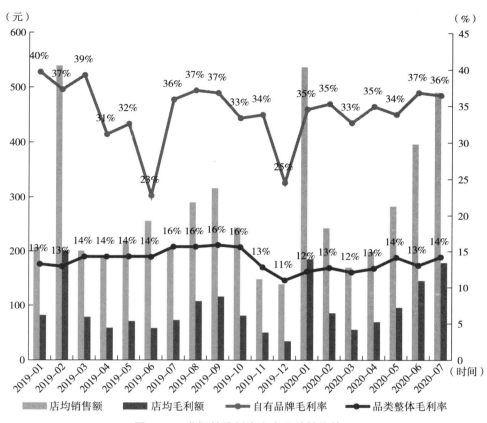

图 3-19 非酒精饮料类自有品牌销售情况

销售额和店均毛利额分别环比增长 255% 和 268%。此后，7~8 月逐月上升，9~12 月小幅下降。2020 年 1 月，店均销售额和店均毛利额均高于其他月份，其中店均销售额环比增长 52%，店均毛利额环比增长 58%。此后，2~3 月店均销售额和店均毛利额逐月降低。2019 年 1 月到 2020 年 7 月，个人护理类自有品牌的毛利率一直高于品类整体的毛利率。2020 年 1~3 月，自有品牌的毛利率较为稳定，基本维持在 55%，品类整体毛利率波动较大。整体来看，个人护理类自有品牌受到的冲击较小，销售额未出现急剧降低。

3.3.2.13 保健食品类自有品牌销售情况

保健食品类 2019 年 1 月至 2020 年 7 月店均销售额、店均毛利额、自有品牌毛利率和品类整体毛利率如图 3-21 所示。自 2019 年 9 月起，保健食品的店均销售额及店均毛利额均出现大幅度增长，其中 2019 年 9 月店均销售额较 8 月同比

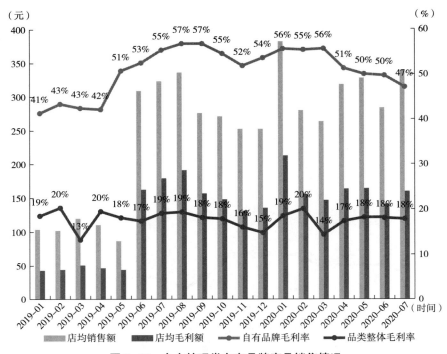

图 3-20　个人护理类自有品牌产品销售情况

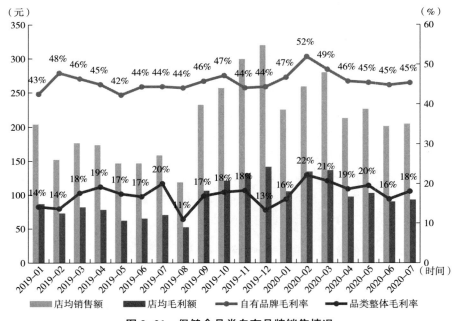

图 3-21　保健食品类自有品牌销售情况

增长率约为95%，为11个月中增长幅度最高。2020年1月、2月自有品牌毛利率及品类整体毛利率都出现了短期上涨。整体来说，2020年上半年保健食品的发展没能延续2019年末的增长态势，但相比2019年同期仍有所增长。

3.3.2.14　洗浴用品类自有品牌销售情况

2020年1～7月，洗浴用品类自有品牌商品的销售业绩小幅增长，店均销售额和店均毛利额均高于上年同期。2020年1月，洗浴用品类自有品牌的店均销售额和店均毛利额较2019年12月环比增长36%和53%。2月的店均销售额和店均毛利额下降幅度较大，较1月环比降低了46%和42%。3月有小幅度回升，此后一直保持在较为稳定的水平。2019年1月到2020年7月，洗浴用品类自有品牌的毛利率一直高于品类整体的毛利率。整体来看，2020年上半年，洗浴用品类自有品牌商品的销售呈增长态势。如图3-22所示。

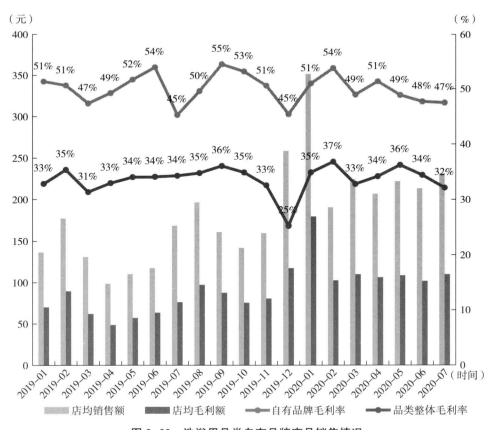

图3-22　洗浴用品类自有品牌产品销售情况

3.3.2.15 居家日用类自有品牌销售情况

2019 年第一季度，居家日用类自有品牌的店均销售额和店均毛利额均处在较高水平，应是由于新品推出或宣传活动的影响，随后的 4~5 月销售额和毛利额逐月降低，6 月后进入整体相对稳定的状态。2020 年 1~2 月该品类销售出现了一定的增长，1 月的店均销售额和店均毛利额较 2019 年 12 月环比增长了 35% 和 42%，2 月的店均销售额和店均毛利额分别较 1 月环比增长了 24% 和 31%，此后的 3~7 月波动较小。如图 3-23 所示。居家日用类自有品牌的毛利率一直高于品类整体的毛利率，具有较高的毛利优势。整体来看，居家日用类自有品牌在 2020 年 1~2 月的销售有较小幅度的上升随后便保持稳定。居家日用类商品是消费者刚需，不会因受到外界冲击而发生较大的波动。

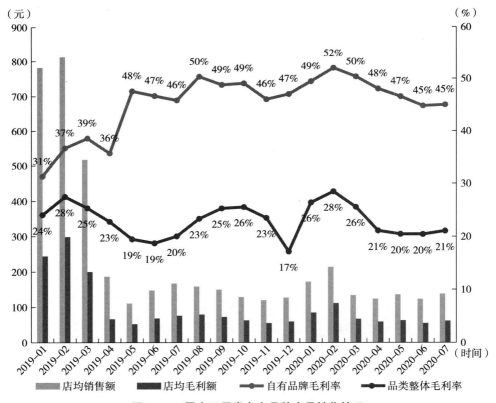

图 3-23 居家日用类自有品牌产品销售情况

3.3.2.16　护理护具类自有品牌销售情况

2019 年 4 月至 2020 年 7 月，护理护具类店均销售额、店均毛利额、自有品牌毛利率和品类整体毛利率如图 3-24 所示。该品类自有品牌自 2019 年 4 月出现到 2019 年末店均销售额及店均毛利额均较低，但自有品牌毛利率维持在 50%～60%，品类整体毛利率维持在 35%。自 2020 年 1 月起，护理护具自有品牌的店均销售额及店均毛利额大幅度上升、自有品牌毛利率大幅下降，在 2020 年 7 月变为负增长，应是出现了大幅降价、清理库存等操作。

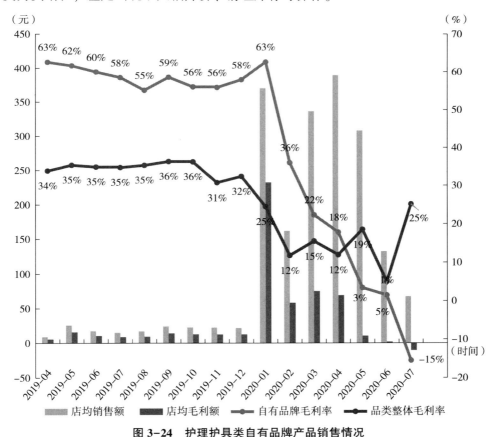

图 3-24　护理护具类自有品牌产品销售情况

3.3.2.17　母婴用品类自有品牌销售情况

2019 年 5 月至 2020 年 7 月，自有品牌母婴产品——母婴用品类产品的店均销售额、店均毛利额、自有品牌毛利率和品类整体毛利率如图 3-25 所示。

2019 年 5~10 月店均销售额及店均毛利额各月相对比较平稳，没有展现出大幅变化。11 月相比前几月稍有下降。12 月店均销售额与店均毛利额又开始升高，2020 年 1~2 月增幅明显，3~4 月有一定下降，5~7 月店均销售额再度上升。后期店均销售额的增长同时对应了自有品牌毛利率的下降，应是采用价格促销手段刺激了销售额的增长。

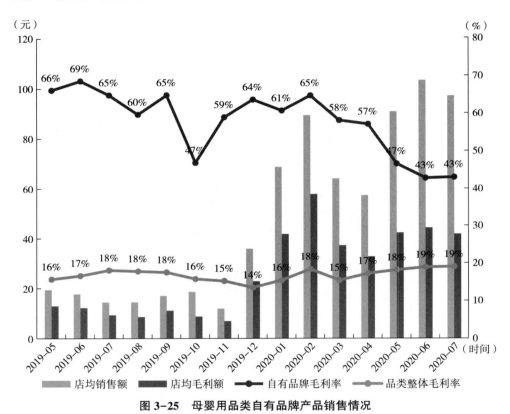

图 3-25 母婴用品类自有品牌产品销售情况

3.3.2.18 个护电器类自有品牌销售情况

2019 年 9 月至 2020 年 7 月个护电器类店均销售额、店均毛利额、自有品牌毛利率和品类整体毛利率如图 3-26 所示。自 2019 年 9 月品类上市开始，店均销售额及店均毛利额逐渐上涨，在 2020 年 1~2 月都有明显升高，其中 2020 年 1 月与 2019 年 12 月相比增长了 73 个百分点，为 11 个月中增长幅度最高。自有品牌毛利率则自出现起就呈波动下降趋势。整体来看，个护电器类自有品牌在 2019 年末出现后得到了发展，销售情况可能因受季节变换的影响而不稳定。

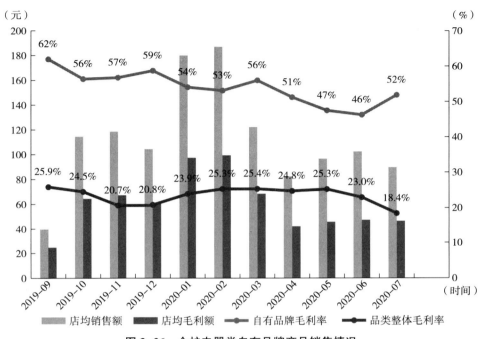

图 3-26　个护电器类自有品牌产品销售情况

3.3.2.19　家装软饰类自有品牌销售情况

家装软饰品类的自有品牌是 2019 年 4 月出现的，自上市以来，店均销售额和店均毛利额在 2019 年缓慢增长，但整体仍处于较低水平。2020 年 1 月出现了爆发式增长，店均销售额环比增长 181%，店均毛利额环比增长 157%，应与短期促销有关，2 月后又恢复到了正常水平。如图 3-27 所示。2019 年 4 月到 2020 年 7 月，家装软饰类自有品牌的毛利率一直高于品类整体的毛利率，自有品牌的毛利率大约维持在 60%，品类整体毛利率约为 30%，该品类整体规模较小但盈利空间较高。

3.3.2.20　家具类自有品牌销售情况

家具类自有品牌的销售波动较大。2020 年 2~4 月家具类自有品牌的店均销售额和店均毛利额均低于 2019 年同期，2020 年 2 月和 3 月的家具类自有品牌商品的店均销售额和店均毛利额在 2019 年 1 月至 2020 年 7 月中最低，4~5 月开始回升并逐月递增，5 月的店均销售额和店均毛利额达到了 2019 年 1 月至 2020 年

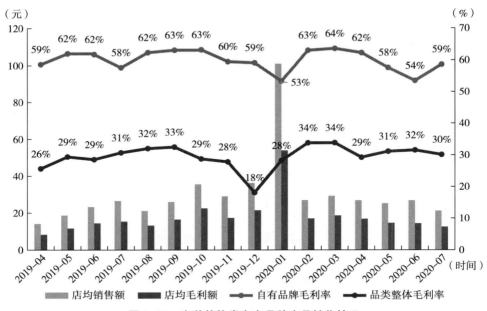

图3-27　家装软饰类自有品牌产品销售情况

7月中的最高值。从2019年1月到2020年7月，家具类自有品牌的毛利率一直高于品类整体的毛利率。2020年上半年，自有品牌的毛利率大致维持在40%左右，品类整体毛利率在30%左右。如图3-28所示。整体来看，家具类自有品牌商品受到的冲击较为严重，2020年2月、3月的店均销售额和店均毛利额都大幅下降，但自有品牌毛利率仍保持在较高的水平。

3.3.2.21　床上用品类自有品牌销售情况

自2019年4月上市以来，床上用品类自有品牌店均销售额和店均毛利额均存在明显的季节波动，经历了先增后减再增的过程。2020年1月，床上用品类自有品牌的店均销售额和店均毛利额均高于统计的其他月份，其中店均销售额环比增长了15%，店均毛利额环比增长了30%，2月和3月略有降低。4月和5月的店均销售额和店均毛利额均高于上年同期，6月低于上年同期，且店均销售额环比下滑了30%，店均毛利额环比下滑了28%。从2019年4月到2020年7月，床上用品类自有品牌的毛利率一直高于品类整体的毛利率。2020年上半年，自有品牌的毛利率较为稳定，基本维持在64%，品类整体毛利率波动较大。如图3-29所示，与制造商品牌相比，自有品牌商品灵活性更高，充足的供货和较高的毛利率为门店带来了更多优势。

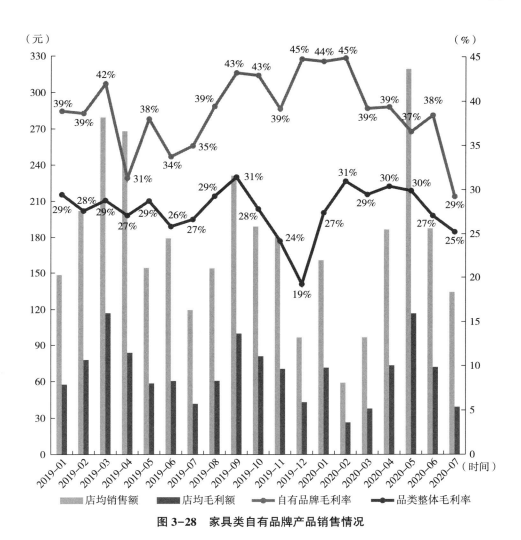

图 3-28　家具类自有品牌产品销售情况

3.3.2.22　茶叶类自有品牌销售情况

2019 年 7 月茶叶类自有品牌商品出现，当前销量较低，店均毛利额为负值，相较于品类整体 26% 的毛利率，茶叶类自有品牌的毛利率微乎其微。如图 3-30 所示。此后的几个月内，茶叶类自有品牌的销量为零，应已下架。茶叶作为新开发的自有品牌，初入市场时消费者认可度较低，零售企业应该及时识别问题所在，做好产品检查及营销推广。

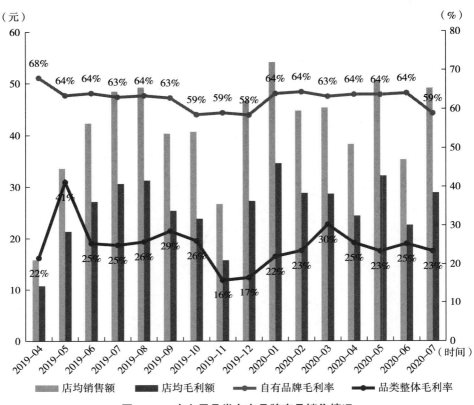

图 3-29　床上用品类自有品牌产品销售情况

3.3.2.23　家装建材类自有品牌销售情况

2019 年 4 月至 2020 年 7 月，家装建材类自有品牌的店均销售额和店均毛利额最高值均在 2020 年 2 月。2020 年 3 月的店均销售额和店均毛利额较 2 月略有下降，但仍然保持在较高的水平。与 2019 年 4 月和 5 月相比，2020 年 4 月和 5 月的店均销售额和店均毛利额均高于 2019 年同期。2019 年 4 月到 2020 年 7 月，家装建材类自有品牌的毛利率一直高于品类整体的毛利率。2020 年上半年，自有品牌毛利率远超品类整体毛利率，自有品牌的毛利率大致维持在 50% 左右，品类整体毛利率为 25% 左右。如图 3-31 所示。整体来看，家装建材类自有品牌商品受到的冲击较小，2 月的店均销售额和店均毛利额未受影响，甚至超出之前的水平。同时，家装建材类自有品牌 50% 的毛利率证明其具有较强的获利能力。

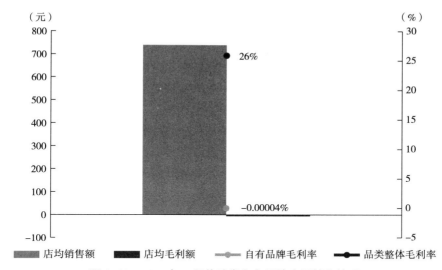

图 3-30　2019 年 7 月茶叶类自有品牌产品销售情况

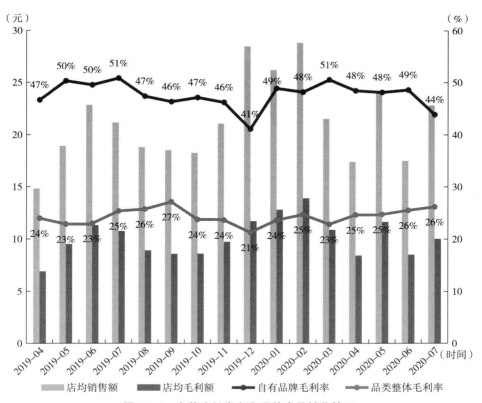

图 3-31　家装建材类自有品牌产品销售情况

3.3.2.24 美妆工具类自有品牌销售情况

2019 年 4 月至 2020 年 7 月，自有品牌美妆护肤——美妆工具类产品的店均销售额、店均毛利额、自有品牌毛利率和品类整体毛利率如图 3-32 所示。该品类销售额及毛利额除在 2020 年 1 月及 2 月暴增外，其余各月的表现均较为平稳。2020 年 1 月及 2 月的销售额暴增可能的原因是在春节期间，超市各品类商品销售额均相比其余各月有较大幅度的增长。品类整体毛利率在 2019 年 4 月至 2020 年 7 月表现较为平稳，虽 2020 年 3 月、4 月稍有下降，但后期快速回升并有小幅度超越 2019 年整体平均水平的趋势。自有品牌毛利率在 2019 年 4 月至 2020 年 7 月波动幅度较大，但美妆工具品类没有受到其较大影响。整体来说，美妆护肤——美妆工具品类在 2020 年 1 月、2 月受春节的影响销售额、毛利额明显增高，品类整体毛利率无明显涨跌变化。

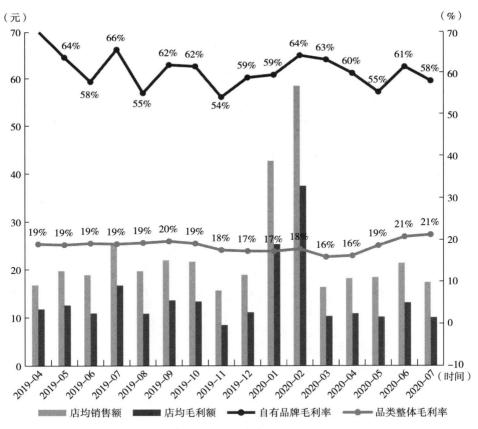

图 3-32 美妆工具类自有品牌产品销售情况

3.3.2.25　鞋类自有品牌销售情况

2020年3月自有品牌首次进军服装鞋帽品类，率先开发了鞋类自有品牌商品。鞋类自有品牌商品的店均销售额和店均毛利额在3月上市后实现了较为快速的增长，3~5月店均销售额和店均毛利额持续上升，但6月和7月店均销售额和店均毛利额逐渐下降。6月开始的下降趋势可能是由于购买渠道恢复正常，也可能是由于鞋类产品具有较典型的季节性特征，该趋势体现了正常的商品周期性波动。作为新开发的自有品牌商品，其销售数据信息较为有限，具体分析需要等待更多的数据积累。从毛利角度来讲，鞋类的整体毛利率在3月后出现了持续下降，但自有品牌的毛利率保持了较为稳定的高位状态，整体毛利率基本处于37%~40%，具有较大的利润空间。如图3-33所示。

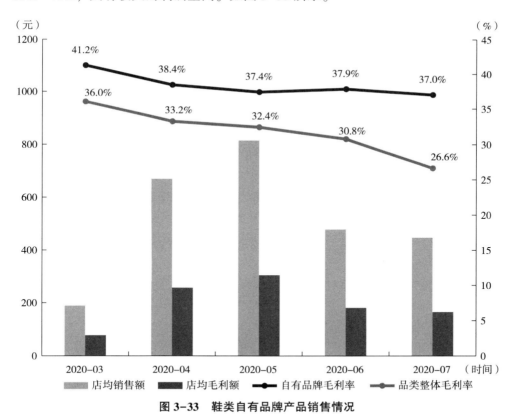

图3-33　鞋类自有品牌产品销售情况

3.3.2.26 五金器具类自有品牌销售情况

五金器具自有品牌在 2020 年 7 月出现，自有品牌的毛利率为 52.1%，品类整体毛利率为 25.8%，具有一定的盈利空间。如图 3-34 所示。

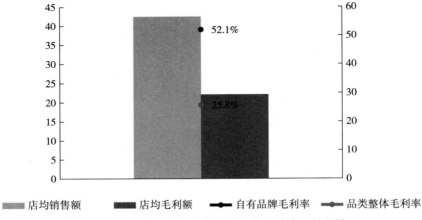

图 3-34　2020 年 7 月五金器具类自有品牌产品销售情况

3.3.2.27 烟草类自有品牌销售情况

烟草类的自有品牌自 2020 年 7 月开始出现。烟草类的自有品牌毛利率为 58%，品类整体毛利率为 12%，自有品牌毛利率远远高于品类整体毛利率。如图 3-35 所示。

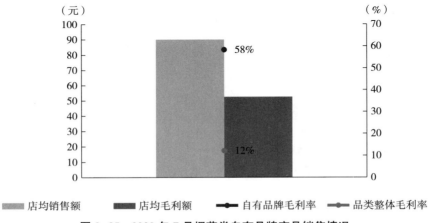

图 3-35　2020 年 7 月烟草类自有品牌产品销售情况

3.3.2.28 计生用品类自有品牌销售情况

计生用品自有品牌自 2020 年 7 月开始出现。整体来看，计生用品类的自有品牌毛利率为 80%，品类整体毛利率为 25%，具有较大的利润空间。如图 3-36 所示。

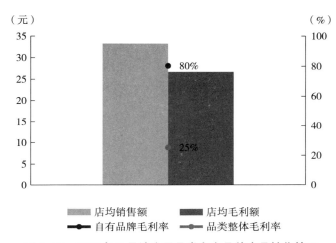

图 3-36　2020 年 7 月计生用品类自有品牌产品销售情况

3.3.2.29 运动户外类自有品牌销售情况

运动户外品类的自有品牌自 2020 年 7 月开始出现，品类整体毛利率为 26%，自有品牌毛利率为 37%，利润空间较小。如图 3-37 所示。

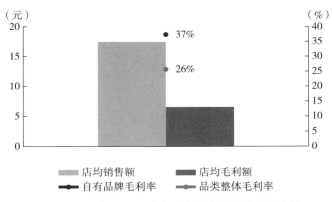

图 3-37　2020 年 7 月运动户外类自有品牌产品销售情况

3.4 中小型零售商自有品牌品类内发展情况

前文对自有品牌在各品类上的整体销售情况进行了分析，但该部分的分析并不能体现自有品牌在各品类内部的发展地位。为了更清晰地了解自有品牌产品在各品类中的重要性，我们选取了各自有品牌品类 2019 年 1 月至 2020 年 7 月的销售数据，运用自有品牌销售贡献、自有品牌毛利贡献和自有品牌订单占比这三个数据指标对已开发的各品类自有品牌进行数据分析。如表 3-6 所示。其中，自有品牌销售贡献是该品类中自有品牌销售额占该品类整体销售额的比值，自有品牌毛利贡献是该品类中的自有品牌毛利率占该品类整体毛利率的比值，自有品牌订单占比是该品类中包含自有品牌的订单数占所有包含该品类产品的订单数的比值。这三项指标可以有效反映自有品牌在各品类内的销售、毛利和获客能力，能够体现自有品牌在各品类内的重要程度。

表 3-6 各品类自有品牌品类内竞争优势划分 单位:%

品类	自有品牌销售贡献	自有品牌毛利贡献	自有品牌订单占比	最高贡献类型	次高贡献类型
熟食生鲜	24.89	33.10	36.19	订单占比	毛利贡献
冷藏/冷冻食品	4.80	7.63	12.09		
餐饮用具	4.58	8.52	9.04		
保健食品	4.03	11.36	11.50		
家具	2.87	4.02	4.41		
休闲食品	2.22	3.82	5.12		
家装建材	1.42	2.77	2.82		
酒精饮料	1.18	2.07	2.95		
个人护理	0.67	1.99	2.08		
床上用品	0.57	1.43	2.05		
鞋类	21.80	26.34	23.31	毛利贡献	订单占比
护理护具	6.40	11.31	7.20		
卫生清洁	5.76	12.44	8.82		
洗浴用品	5.23	7.71	6.55		

品类	自有品牌销售贡献	自有品牌毛利贡献	自有品牌订单占比	最高贡献类型	次高贡献类型
家装软饰	4.44	8.93	5.37	毛利贡献	订单占比
个护电器	3.73	8.54	8.02		
粮油调味	3.05	7.94	6.00		
冲调品	2.23	4.88	2.69		
方便速食	1.46	2.90	2.21		
母婴用品	0.99	2.92	1.97		
非酒精饮料	0.60	1.53	0.88		
牛奶	1.59	6.73	0.89	毛利贡献	销售贡献
居家日用	1.50	3.29	1.27		
美妆工具	0.25	0.83	0.16		
五金器具	0.61	1.24	0.71	新品	
茶叶	0.40	0.00	0.01		
运动户外	0.11	0.17	0.74		
计生用品	0.08	0.26	0.13		
烟草	0.00	0.02	0.00		

根据各品类中自有品牌的三项指标的相对高低情况可以把自有品牌的品类内竞争优势划分为以下三种类型，企业可根据不同品类内自有品牌的竞争优势做出针对性的改进。

第一类品类中自有品牌的订单占比大于毛利贡献大于销售贡献，本书将之定义为订单获客型品类。在这些品类中，自有品牌的订单占比较高，即自有品牌在该品类中具有相对较高的获客能力，吸引了很多消费者购买自有品牌，但顾客整体的自有品牌购买金额占比和给企业带来的毛利占比则没有达到订单占比的幅度。对于这些品类，企业应在充分发挥自有品牌获客优势的同时提高其销售和毛利占比。对于销售占比来说，企业可以考虑是否需要进行更全面的产品开发，是否需要开发更多相对高价的高端产品，是否可以通过捆绑销售、搭配销售等促销手段提高品类内自有品牌客单价。对于毛利占比来说，企业可以考察具体品类中自有品牌的毛利优势并确定是否需要进行针对性提升。

第二类品类中自有品牌的毛利贡献大于订单占比大于销售贡献，本书将这些品类定义为订单获利型。该品类中的自有品牌获利能力相对较为突出，毛利优势最显著，但销售贡献相对较弱，无法匹配订单占比。对于这一些品类，企业需重点关注如何提升自有品牌客单价和销售额。

第三类品类中自有品牌的毛利贡献大于销售贡献大于订单占比，本报告将这些品类定义为销售获利型。该品类中自有品牌的获利能力和销售能力相对较好，但订单占比成为了短板，获客能力相对较差。对于这一些品类，企业需重点关注如何提升自有品牌的知名度和尝试意愿。更多的品牌推广、店内展示和促销、产品试用等方式可以帮助企业更好地提升自有品牌表现。

3.4.1 熟食生鲜品类内自有品牌贡献情况

2019 年 1 月至 2020 年 7 月，熟食生鲜类产品的自有品牌销售贡献、自有品牌毛利贡献、自有品牌订单占比如图 3-38 所示。自有品牌销售贡献、自有品牌毛利贡献及自有品牌订单占比整体表现良好，处于相对高位状态。品类订单占比最高，约处于 35% 的水平，也即在购买熟食生鲜类产品的订单中约有 1/3 的订单都选择了至少一件自有品牌产品，说明该品类自有品牌产品获得了消费者的喜爱和信赖。品类内自有品牌销售贡献约处在 25% 的水平上，对应毛利贡献则达到了 30% 的水平，说明在该品类内部自有品牌具有毛利优势，且占据了较重要的销售

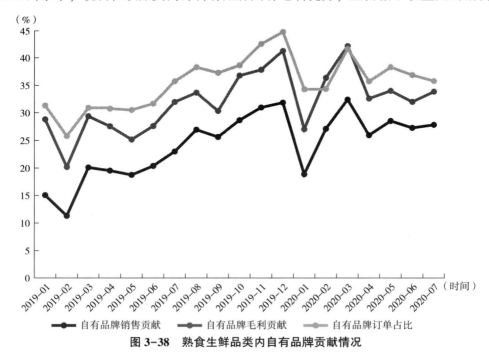

图 3-38　熟食生鲜品类内自有品牌贡献情况

地位。2019年该品类自有品牌的贡献呈现出逐渐上升的趋势，2020年上半年各项数据出现了短期波动，4月后回归稳定状态。据推测自有品牌贡献的短期下降可能来自节前促销影响，也可能来自市场对该品类产品需求的暴增，需求压力促使零售企业从多种渠道增加品类产品供应，稀释了自有品牌的贡献。整体来看，熟食生鲜品类中自有品牌占据了很大的优势，可以给企业带来长期稳定的收益，零售企业应在这一品类中将自有品牌作为重要发展战略进行部署。

3.4.2　粮油调味品类内自有品牌贡献情况

2019年1月至2020年7月，粮油调味品类的自有品牌销售贡献、自有品牌毛利贡献、自有品牌订单占比如图3-39所示。自有品牌销售贡献、自有品牌毛利贡献及自有品牌订单占比的走向基本一致。自有品牌粮油调味类食品虽销售贡献率较低，但毛利的贡献较突出，由此可见自有品牌的优势所在。2019年1月至2020年7月，除2019年3月及2020年2月有小幅度增长外，粮油调味类产品的销售贡献、毛利贡献及订单占比的情况总体呈下降趋势，其中2020年1月和4月有两次较明显的下跌。粮油调味品类自有品牌的优势并不明显，并呈现出发展疲态，但自有品牌的毛利占比相对较大，具有良好的发展潜能，需要企业对这一品

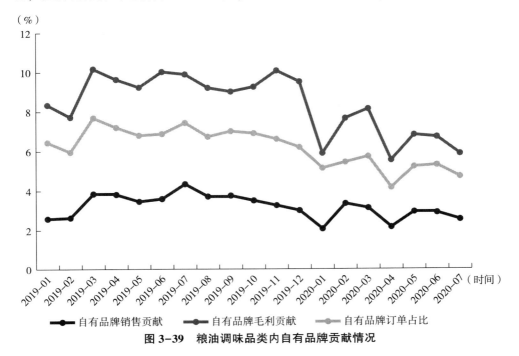

图3-39　粮油调味品类内自有品牌贡献情况

类的自有品牌进行更审慎的战略思考。

3.4.3 卫生清洁品类内自有品牌贡献情况

2019 年 1~7 月，卫生清洁类自有品牌产品的销售贡献、毛利贡献和订单占比一直保持较为平稳的缓慢增长趋势，8~9 月出现小幅下降，10 月回升，但整体波动较小。12 月，自有品牌产品的毛利贡献大幅增加，环比增长 118%，销售贡献和订单占比环比增长 93% 和 75%。2020 年 1~5 月，卫生清洁类自有品牌毛利贡献持续上升，5 月的毛利贡献达到峰值 25%，6~7 月逐渐下降。如图 3-40 所示。卫生清洁类自有品牌销售贡献和订单占比除在 3 月略有下降外，1~5 月依然保持较迅速的增长。整体来看，卫生清洁类自有品牌产品销售贡献、毛利贡献和订单占比在 2020 年上半年实现了较快速的增长，并有望维持下去，可以作为自有品牌的重要发展方向。

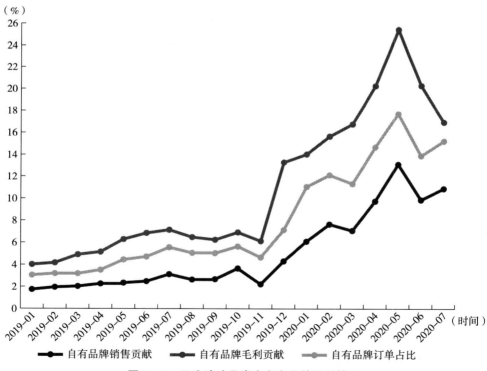

图 3-40 卫生清洁品类内自有品牌贡献情况

3.4.4　休闲食品品类内自有品牌贡献情况

2019年1月至2020年7月，自有品牌食品——休闲食品类产品的自有品牌销售贡献、自有品牌毛利贡献、自有品牌订单占比如图3-41所示。自有品牌销售贡献、自有品牌毛利贡献及自有品牌订单占比呈稳定上升趋势，且在这三个数据中，自有品牌订单占比具有较明显的领先优势，其次是毛利贡献率。2019年自有品牌休闲食品类的数据增长趋势较为稳定，未出现大幅度下降。从2020年2月开始，休闲食品品类内自有品牌订单占比、毛利贡献率及销售贡献率在短期内大幅增加，自有品牌抓住春节和居家办公的机会获得了消费者的关注和信赖。整体休闲食品品类内自有品牌的发展呈上升趋势，发展空间较大，有望成为零售企业新的增长点。

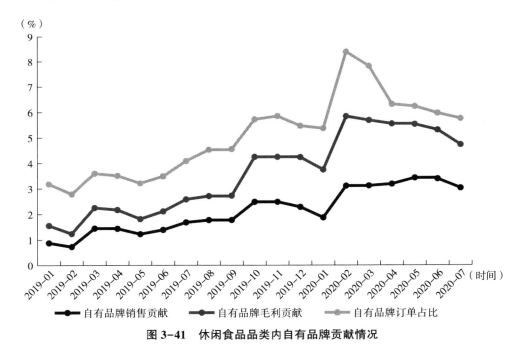

图3-41　休闲食品品类内自有品牌贡献情况

3.4.5　牛奶品类内自有品牌贡献情况

2019年1月至2020年7月牛奶品类内自有品牌销售贡献、自有品牌毛利贡献及自有品牌订单占比如图 3-42 所示。由图可知，自有品牌毛利贡献波动幅度较大，其中 2019 年 3 月较上个月下降了 50 个百分点，为 2019 年 1 月至 2020 年 7 月下降幅度最大，波动可能受到促销等因素的影响。而自有品牌销售贡献和自有品牌订单占比 2019 年 1 月至 2020 年 7 月表现相对稳定，呈较小幅度下降趋势。整体来看，2020 年自有品牌销售贡献及自有品牌订单占比较 2019 年整体有所下降，自有品牌在牛奶品类的发展需要更多的投入。

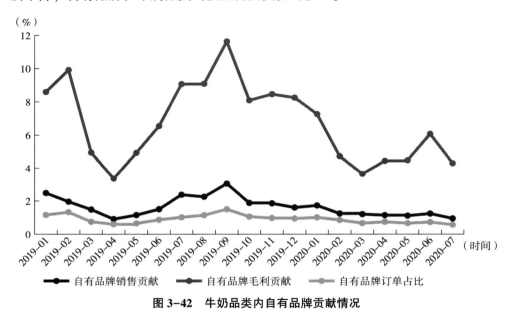

图 3-42　牛奶品类内自有品牌贡献情况

3.4.6　冷藏/冷冻品类内自有品牌贡献情况

2019 年 1 月至 2020 年 7 月，自有品牌食品——冷藏/冷冻类产品的自有品牌销售贡献、自有品牌毛利贡献、自有品牌订单占比如图 3-43 所示。由图可以看出，自有品牌销售贡献、自有品牌毛利贡献及自有品牌订单占比的折线图走势一致，但本图中自有品牌订单占比在本图中的贡献较为突出，自有品牌毛利贡献排第二位。由此可见，冷藏/冷冻品类的利润空间没有其他食品类产品大，但自有品牌冷藏/冷冻食品获得消费者较为广泛的认可。2019 年 3 月、4 月时自有品牌销售贡献、自有品牌毛利贡献及自有品牌订单占比有一个较为明显的增长，5 月、6 月有所下降，7~9 月再次进入缓慢爬升阶段。10 月及 11 月虽然订单占比在增加，但自有品牌销售贡献及毛利贡献均在下降，下降至 2020 年 1 月的水平。

2020年2~3月增长趋势较为明显，4~6月下降，7月稍有回升。冷藏冷冻品类自有品牌的表现出现了很大的波动。

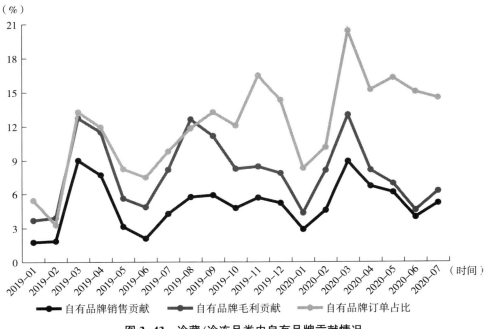

图 3-43 冷藏/冷冻品类内自有品牌贡献情况

3.4.7 餐饮用具品类内自有品牌贡献情况

2019年1~4月，餐饮用具类自有品牌销售贡献、自有品牌毛利贡献和自有品牌订单占比缓慢增长，一直保持在一个较低的水平，5~7月增长迅速，自有品牌销售贡献、自有品牌毛利贡献和自有品牌订单占比都有了大幅提升，8~12月开始逐渐下降。2020年1~2月，餐饮用具类自有品牌销售贡献、自有品牌毛利贡献和自有品牌订单占比逐月增加，2月的自有品牌销售贡献、毛利贡献和订单占比均超过以往，在统计的19个月中占据首位。3~4月的自有品牌销售贡献、自有品牌毛利贡献和自有品牌订单占比逐月下降，5月小幅回升。综合来看，餐饮用具类自有品牌的贡献幅度略有下降。

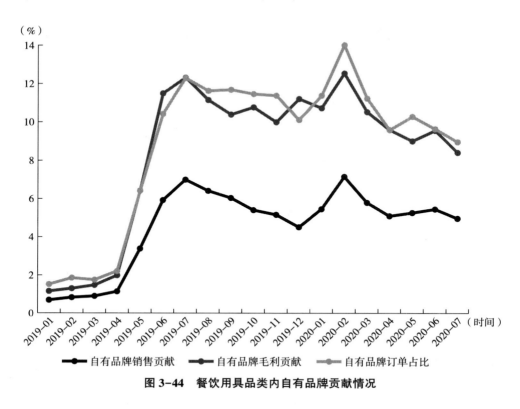

图 3-44　餐饮用具品类内自有品牌贡献情况

3.4.8　方便速食品类内自有品牌贡献情况

2019 年 1 月至 2020 年 7 月，自有品牌食品——方便速食品类内自有品牌销售贡献、自有品牌毛利贡献、自有品牌订单占比如图 3-45 所示。自有品牌销售贡献、自有品牌毛利贡献及自有品牌品类订单占比三条折线的走向趋势相同，呈曲折上升的状态。2019 年 1~12 月呈现出极缓慢上升的状态，2019 年 12 月开始至 2020 年 1 月各数据下降至最低点，自有品牌销售贡献及自有品牌毛利贡献下降至 1.53% 左右，自有品牌订单占比降至 0.82% 左右。春节假期，大部分消费者放假回家，大幅度减少了订外卖的次数，大部分消费者喜欢带些方便食品回老家，2020 年 2 月方便速食的销量再次上升，4 月有一定下降后 5 月再次上涨。值得注意的是，即使在春节假期过后，方便速食品类内的自有品牌仍保持了强劲的发展态势，说明自有品牌在该品类内的表现引起了消费者的关注和喜爱，值得企业更高的重视。

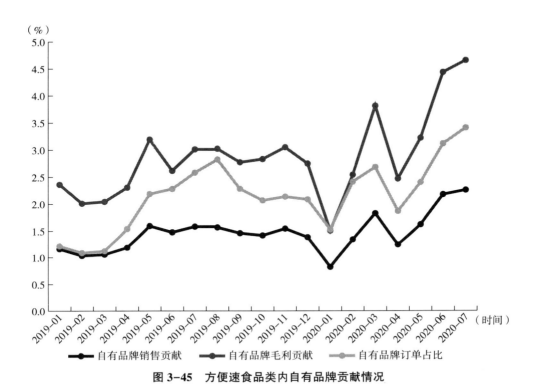

图 3-45　方便速食品类内自有品牌贡献情况

3.4.9　酒精饮料品类内自有品牌贡献情况

2019 年 1 月至 2020 年 7 月，酒精饮料品类内的自有品牌销售贡献、自有品牌毛利贡献及自有品牌订单占比如图 3-46 所示。三项指标自 2019 年 1 月起都呈波动上升的趋势，其中 2020 年 1 月自有品牌毛利贡献较 2019 年 12 月增长 89.5%、自有品牌销售贡献较 2019 年 12 月增长了 113.4%，2019 年 2 月自有品牌订单占比较 2019 年 12 月增长了 80%，为一年半的时间中的最高值。整体来看，2020 年自有品牌酒精饮料的发展较 2019 年整体变好，且处于稳定上升的趋势。酒精饮料类自有品牌的开发门槛较低，同时高毛利可以为其带来很大的竞争优势。当前酒精饮料品类内自有品牌的销售占比仍处于较低水平，具有较大的发展空间。

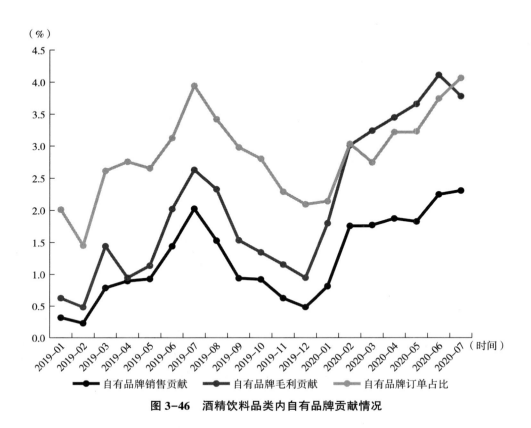

图 3-46 酒精饮料品类内自有品牌贡献情况

3.4.10 冲调品品类内自有品牌贡献情况

2019 年 1 月至 2020 年 7 月，自有品牌食品——冲调品品类内的自有品牌销售贡献、自有品牌毛利贡献、自有品牌订单占比如图 3-47 所示。图中自有品牌销售贡献、自有品牌毛利贡献及自有品牌订单占比展现出相同的走势，同时，自有品牌毛利贡献 2019 年 1 月至 2020 年 7 月始终保持在较高位置，说明自有品牌产品虽销售贡献不高、订单占比不多，但毛利贡献较高，能给企业带来较高利润。由图可看出，2019 年 1~8 月，自有品牌销售贡献、毛利贡献及订单占比表现较平稳，2019 年 9~11 月数据激增，2019 年 12 月至 2020 年 1 月稍有下降后 2 月再次上涨，5 月又再次下降。2019 年底至 2020 年初，自有品牌毛利贡献提高明显，说明 2019~2020 年自有品牌的优势已显现出来，2020 年 5 月市场经济较平稳后有所下降，提示企业需要更多关注顾客留存问题。

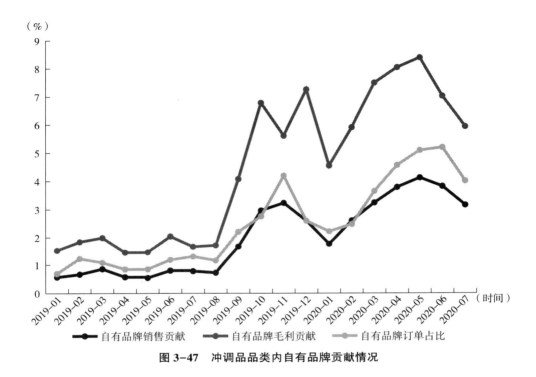

（%）

图3-47 冲调品品类内自有品牌贡献情况

图例：—●— 自有品牌销售贡献　—●— 自有品牌毛利贡献　—●— 自有品牌订单占比

3.4.11 非酒精饮料品类内自有品牌贡献情况

2019年1月至2020年7月饮料品类下的非酒精饮料品类内自有品牌销售贡献、自有品牌毛利贡献及自有品牌订单占比如图3-48所示。2019年1月至2020年7月自有品牌销售贡献、自有品牌订单占比两项指标整体呈波动上涨的趋势。自有品牌毛利贡献波动幅度较大，在2019年2月、2020年1月以及2020年6月上涨幅度最明显，分别较5月上涨了59个百分点、131个百分点、63个百分点。这三项指标可能受节假日及气候影响，整体来看受自然环境的影响不大。该品类自有品牌发展在假期过后也出现了较大的增长，但整体占比仍处于较低水平。

3.4.12 个人护理品类内自有品牌贡献情况

2019年1~7月，个人护理品类内自有品牌销售贡献、自有品牌毛利贡献和自有品牌订单占比持续上升，其中1~4月保持较为缓慢的增长，6月增长幅度较大。8~12月，个人护理品类自有品牌销售贡献、自有品牌毛利贡献和自有品

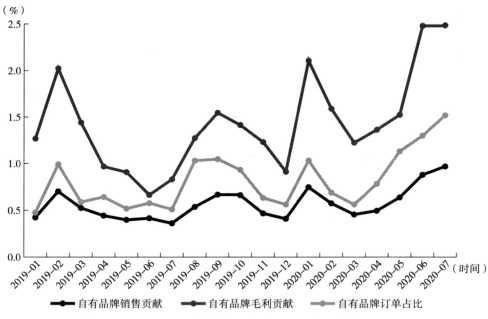

图 3-48　非酒精饮料品类内自有品牌贡献情况

订单占比逐渐降低。2020 年 1 月，个人护理品类自有品牌销售贡献、自有品牌毛利贡献和自有品牌订单占比小幅增加，2 月受春节影响呈下降趋势。3~5 月，个人护理品类自有品牌销售贡献和自有品牌订单占比持续上升，在 5 月到达峰值，6 月和 7 月逐月降低。自有品牌毛利贡献在 3~4 月逐月上升，在 4 月到达峰值，5~7 月下降。整体来看，个人护理品类自有品牌占据市场份额较小，自有品牌销售贡献和自有品牌订单占比在 2020 年 5 月的最大值分别为 1% 和 3.2%，自有品牌毛利贡献在 4 月的最大值为 2.9%。如图 3-49 所示。

3.4.13　保健食品品类内自有品牌贡献情况

2019 年 1 月至 2020 年 7 月医药保健/计生品类下的保健食品品类内自有品牌销售贡献、自有品牌毛利贡献及自有品牌订单占比如图 3-50 所示。2019 年 1 月至 2020 年 7 月自有品牌销售贡献、自有品牌毛利贡献及自有品牌订单占比三个指标整体呈波动上涨的趋势，只有 2020 年 1 月三项指标大幅下降。这可能意味着在节前礼品市场中自有品牌并不具备良好的品牌优势，但非节庆时期自有品牌呈现较好的发展趋势，或是因为多数消费者是出于自用角度购买自有品牌。从毛

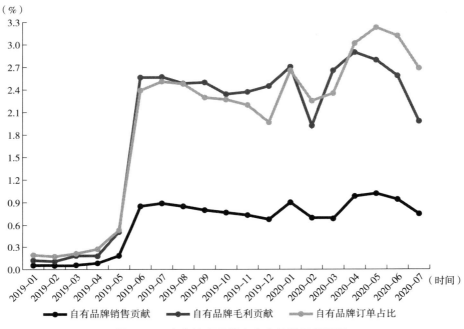

图 3-49 个人护理品类内自有品牌贡献情况

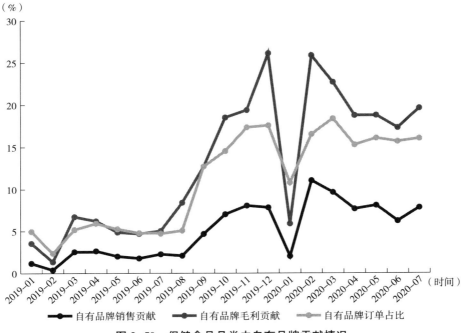

图 3-50 保健食品品类内自有品牌贡献情况

利角度来讲，保健食品的整体品类毛利贡献处于较高水平，尤其是与销售贡献相比，该品类自有品牌具有极强的获利能力。

3.4.14 洗浴用品品类内自有品牌贡献情况

2019 年 1 月至 2020 年 5 月，洗浴用品品类内自有品牌销售贡献和自有品牌订单占比除个别月份有小幅的降低外，大体上呈增长趋势，即使在天气比较寒冷的 1~5 月仍然逐月增加，6 月和 7 月开始下降。自有品牌毛利贡献的变化趋势不同于前两者。2019 年 1~12 月，洗浴用品品类内自有品牌产品毛利贡献持续增长，2020 年 1 月自有品牌毛利贡献突然降低，之后的 2~4 月开始逐月增加，5~7 月逐渐降低。洗浴用品类产品属于消费者刚需，不容易受到寒冷天气的冲击。但到 7 月自有品牌的贡献出现了较明显的下降，企业需寻找原因进行针对性改善。如图 3-51 所示。

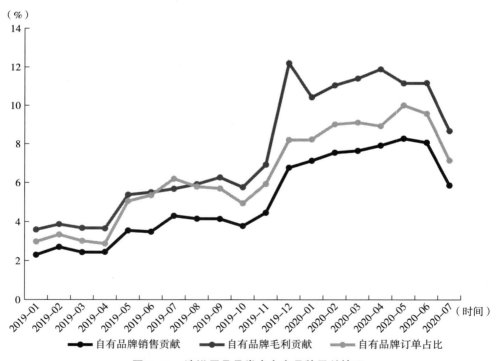

图 3-51 洗浴用品品类内自有品牌贡献情况

3.4.15 居家日用品类内自有品牌贡献情况

2019 年 1~4 月，居家日用品类内自有品牌销售贡献、自有品牌毛利贡献和自有品牌订单占比不足 2%，且逐月下降。5~11 月，自有品牌销售贡献和自有品牌订单占比持续上升，12 月开始下降，自有品牌毛利贡献在 5~12 月逐月增加。2020 年 1~2 月自有品牌销售贡献和自有品牌订单占比增长迅速，其中 2 月的自有品牌销售贡献增长幅度最大，3~5 月的自有品牌销售贡献和自有品牌订单占比逐渐降低，6 月开始小幅回升。2020 年 1 月，自有品牌毛利贡献较 2019 年 12 月降低，在 2 月迅速大幅上升，3~6 月持续降低，7 月开始小幅回升。2 月居家日用品类自有品牌产品的销售大幅上涨，但自有品牌销售贡献、自有品牌毛利贡献和自有品牌订单占比又以较快的速度回落，说明企业自有品牌没能很好地留住顾客，需要进行更多的反思。如图 3-52 所示。

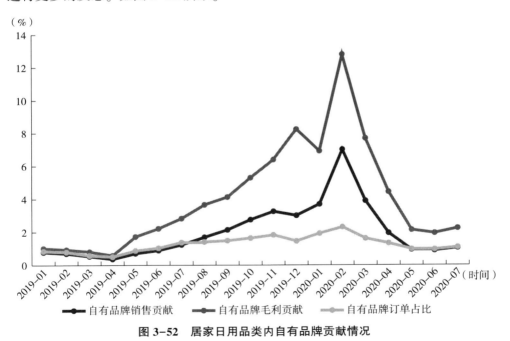

图 3-52　居家日用品类内自有品牌贡献情况

3.4.16 护理护具品类内自有品牌贡献情况

2019 年 4 月至 2020 年 7 月，医药保健/计生品类下的护理护具品类内自有品牌销售贡献、自有品牌毛利贡献及自有品牌订单占比如图 3-53 所示。2019 年 4 月自有品牌首次进军医药保健/计生类，率先开发了护理护具自有品牌商品。其中 2019 年 4 月至 12 月自有品牌销售贡献、自有品牌毛利贡献及自有品牌订单占比处在小幅度的波动中。2020 年 1 月三项指标迎来了第一次大幅度的增长，分别较 2019 年 12 月增长了 192%、318%、207%。2020 年 4 月迎来了第二次大幅度的增长，分别较 2020 年 3 月增长了 208%、215%、89%。作为新开发的自有品牌商品，其销售数据信息较为有限，具体分析需要等待更多的数据积累。

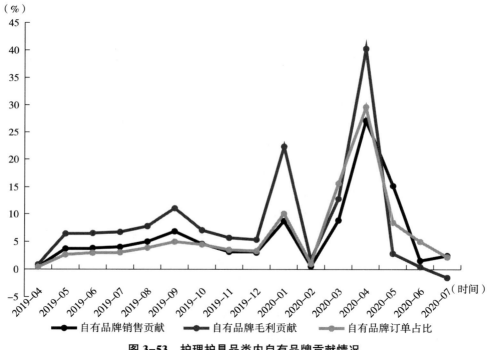

图 3-53　护理护具品类内自有品牌贡献情况

3.4.17　母婴用品品类内自有品牌贡献情况

2019 年 5 月至 2020 年 7 月，自有品牌母婴产品——母婴用品品类内自有品牌销售贡献、自有品牌毛利贡献、自有品牌订单占比如图 3-54 所示。图中显示 2019 年 5~11 月自有品牌销售贡献、自有品牌毛利贡献及自有品牌订单占比均接近于 0，但自 2019 年 11 月开始，自有品牌销售贡献、自有品牌毛利贡献及自有品牌订单占比不断升高，2019 年 11 月至 2020 年 4 月涨幅较小，但 4 月后骤增，

6月有放缓趋势。可能的原因是，在消费者生活状态正常的情况下，自有品牌的优势并未显现出来，但自2019年底开始自有品牌的优势逐渐显现了出来，这也让更多消费者了解了自有品牌并得到了消费者信赖，因此才会持续购买。

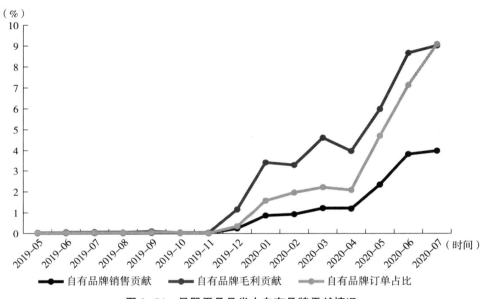

图3-54　母婴用品品类内自有品牌贡献情况

3.4.18　个护电器品类内自有品牌贡献情况

2019年9月至2020年7月，数码家电品类下的个护电器品类内自有品牌销售贡献、自有品牌毛利贡献及自有品牌订单占比如图3-55所示。2019年9月自有品牌首次进军数码家电品类，率先开发了个护电器自有品牌商品。其中与2019年9月相比，2019年10月自有品牌销售贡献增长了4886%、自有品牌毛利贡献增长了4618%、自有品牌订单占比增长了3071%，在11个月中增长率最大。作为新开发的自有品牌商品，其销售数据信息较为有限，具体分析需要等待更多的数据积累。

3.4.19　家装软饰品类内自有品牌贡献情况

2019年4月，自有品牌开发了家装软饰类商品。自进入市场以来，家装软饰

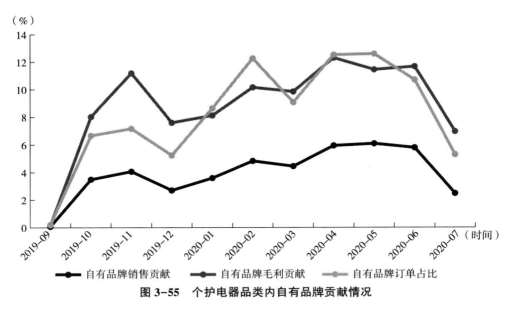

图 3-55　个护电器品类内自有品牌贡献情况

类自有品牌销售贡献和自有品牌订单占比变动趋势趋于一致，4~7 月的自有品牌销售贡献和自有品牌订单占比持续上升，8 月和 11 月出现小幅下降，12 月开始

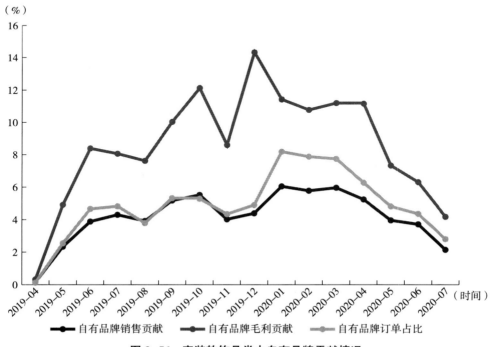

图 3-56　家装软饰品类内自有品牌贡献情况

回升，2020 年 1 月增长幅度较大，2~7 月整体呈下降趋势。相比这两者，家装软饰类自有品牌毛利贡献波动幅度更大。整体来看，2020 年初消费者对该品类自有品牌产品的青睐程度有所上升，但这一因素带来的优势没有得到很好的延续。

3.4.20　家具品类内自有品牌贡献情况

2019 年 3 月，家具品类内自有品牌销售贡献、自有品牌毛利贡献和自有品牌订单占比增长幅度均较大，自有品牌销售贡献和自有品牌毛利贡献在 3 月达到最大值，自有品牌订单占比的最大值出现在 4 月。2019 年 5 月，自有品牌销售贡献、自有品牌毛利贡献和自有品牌订单占比呈现大幅度的下降，6~7 月持续降低，8~11 月持续上升。2019 年 12 月至 2020 年 2 月自有品牌销售贡献和自有品牌毛利贡献逐月降低，然而自有品牌订单占比却在 2020 年 1 月有小幅上升。2020 年 3~5 月，自有品牌销售贡献、自有品牌毛利贡献和自有品牌订单占比逐月上升，6~7 月呈下滑趋势。如图 3-57 所示。该品类自有品牌变化波动较大，但从 2019 年峰值数据来看，自有品牌拥有较高的发展潜力。

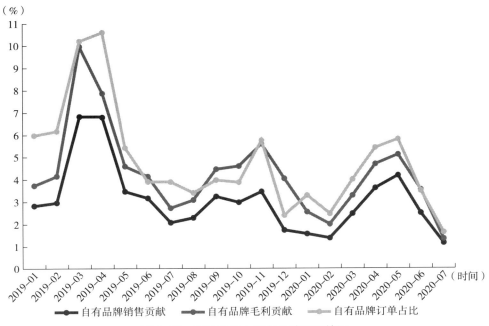

图 3-57　家具品类内自有品牌贡献情况

3.4.21 床上用品品类内自有品牌贡献情况

2019 年 4 月，自有品牌新开发了床上用品类商品。2019 年 4~8 月，床上用品类自有品牌销售贡献和自有品牌毛利贡献逐月上升，9~11 月持续降低，2019 年 12 月至 2020 年 2 月快速增长，随后的 3~6 月逐月降低，7 月又开始回升。床上用品类自有品牌订单占比从 2019 年 4~10 月呈增长趋势，11 月下降幅度较大，2019 年 12 月至 2020 年 2 月增长迅速，其中 2 月的自由品牌订单占比增速较大，较 1 月环比增长了 184%，随后的 3~6 月自有品牌订单占比持续下降，7 月回升。如图 3-58 所示。整体来看，2020 年 2~3 月的自有品牌销售贡献、自有品牌毛利贡献和自有品牌订单占比要高于 2019 年的所有月份，自有品牌发挥了一定的优势，但其后期发展仍存在波动。

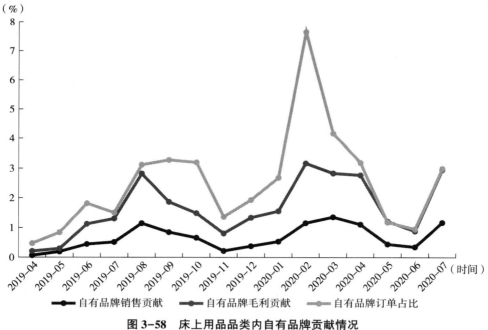

图 3-58　床上用品品类内自有品牌贡献情况

3.4.22 茶叶品类内自有品牌贡献情况

2019 年 7 月自有品牌开发了茶叶品类产品，但这个月的自有品牌销售贡献、自有品牌毛利贡献及自有品牌订单占比处在很低的位置，且当月毛利为负数，应是由于当期促销的原因。茶叶的数据积累极为有限，具体发展情况尚需观察。如图 3-59 所示。

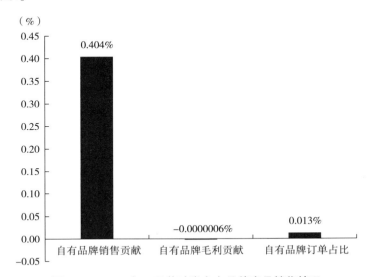

图 3-59　2019 年 7 月茶叶类自有品牌产品销售情况

3.4.23　家装建材品类内自有品牌贡献情况

2019 年 4 月，自有品牌新开发了家装建材品类商品。2019 年 4~12 月，除 9 月的自有品牌毛利贡献略有下降外，家装建材类自有品牌销售贡献、自有品牌订单占比整体呈增长态势。2020 年 1 月，自有品牌销售贡献、自有品牌毛利贡献和自有品牌订单占比均有小幅下降，2 月大幅增长，2 月的自有品牌销售贡献、自有品牌毛利贡献和自有品牌订单占比均超过统计的其他月份，3~4 月逐渐下降，5 月有小幅回升，之后的 6~7 月仍呈下降趋势。整体来看，2020 年上半年刺激了家装建材类自有品牌销售贡献、自有品牌毛利贡献和自有品牌订单占比在 2020 年 2 月的增长，但家装建材类自有品牌的市场份额仍然较低。如图 3-60 所示。

3.4.24　美妆工具品类内自有品牌贡献情况

2019 年 4 月至 2020 年 7 月，自有品牌美妆工具品类内自有品牌销售贡献、

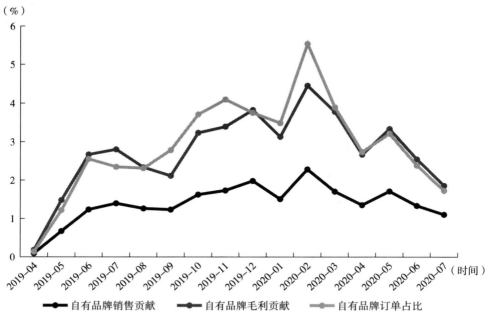

图3-60 家装建材品类内自有品牌贡献情况

自有品牌毛利贡献、自有品牌订单占比如图3-61所示。由图可以看出，自有品牌销售贡献、自有品牌毛利贡献及自有品牌订单占比具有相同趋势，其中，自有品牌毛利贡献最为突出，始终高于自有品牌销售贡献及自有品牌订单占比。2019年4月至2020年7月，美妆护肤——美妆工具类自有品牌自2020年1月开始自有品牌毛利贡献呈上升趋势，在2月达到顶峰4.32%，3月开始下降，于4月降至2019年同期水平并持续保持。同时，自有品牌销售贡献及自有品牌订单占比也在2020年2月达到最高峰。总体来说，美妆工具类自有品牌具有较大的毛利空间，但整体发展情况仍处于初级水平。

3.4.25 鞋品类内自有品牌贡献情况

2020年3月，自有品牌开发了鞋类自有商品。2020年3~4月，鞋类自有品牌销售贡献、自有品牌毛利贡献和自有品牌订单占比增长迅速，5月和6月小幅下降，7月开始回升。整体来看，鞋类自有品牌产品的市场份额较大，基本维持在20%~30%。在该品类中自有品牌占据了较为重要的地位，但当前该品类数据积累较少，尚需更长时间的观察。如图3-62所示。

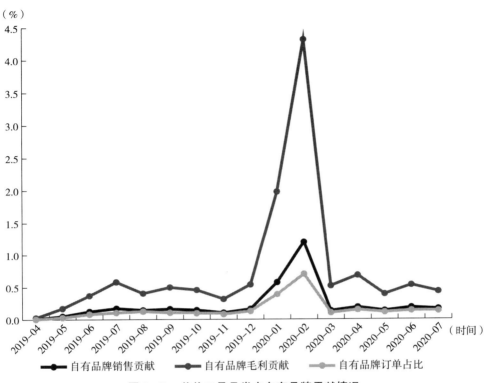

图 3-61 美妆工具品类内自有品牌贡献情况

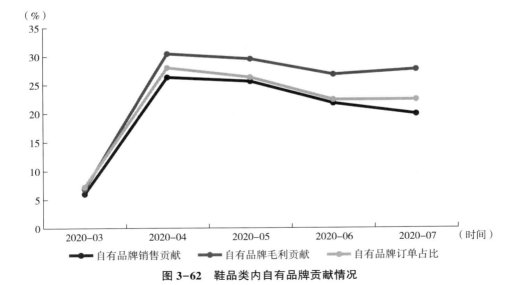

图 3-62 鞋品类内自有品牌贡献情况

3.4.26　五金器具品类内自有品牌贡献情况

2020 年 7 月，自有品牌新开发了五金器具类产品。该自有品牌上市时间较短，并且只调查了 1 个月的销售数据，自有品牌销售贡献为 0.6%、自有品牌毛利贡献为 1.2%，自有品牌订单占比为 0.7%，处在较低水平。如图 3-63 所示。

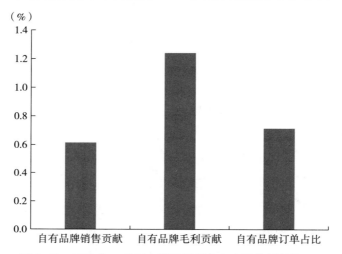

图 3-63　2020 年 7 月五金器具品类内自有品牌贡献情况

3.4.27　烟草品类内自有品牌贡献情况

2020 年 7 月，烟草烟具类下的烟草品类内自有品牌销售贡献为 0.004%、自有品牌毛利贡献为 0.02%、自有品牌订单占比为 0.004%。如图 3-64 所示。作为新开发的自有品牌商品，其销售数据信息较为有限，具体分析需要等待更多的数据积累。

3.4.28　计生用品品类内自有品牌贡献情况

2020 年 7 月，医药保健/计生品类下的计生用品品类内自有品牌销售贡献为 0.08%、自有品牌毛利贡献为 0.26%、自有品牌订单占比为 0.13%。如图 3-65 所示。作为新开发的自有品牌商品，其销售数据信息较为有限，具体分析需要等待更多的数据积累。

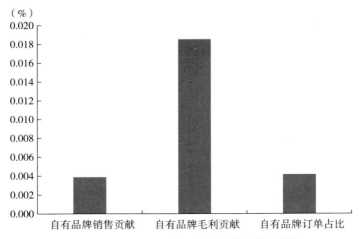

图 3-64　2020 年 7 月烟草品类内自有品牌贡献情况

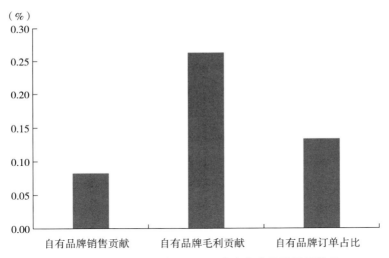

图 3-65　2020 年 7 月计生用品品类内自有品牌贡献情况

3.4.29　运动户外品类内自有品牌贡献情况

2020 年 7 月，文体娱乐品类下的运动户外品类内自有品牌销售贡献为 0.11%、自有品牌毛利贡献为 0.17%、自有品牌订单占比为 0.74%。如图 3-66 所示。作为新开发的自有品牌商品，其销售数据信息较为有限，具体分析需要等待更多的数据积累。

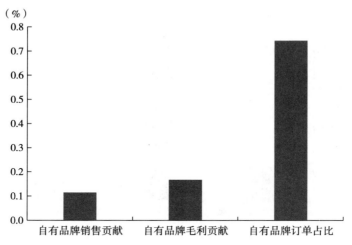

图 3-66　2020 年 7 月运动户外品类内自有品牌贡献情况

4

中小型零售商自有品牌运营管理

为了更全面地展示 2020 年上半年自有品牌的发展情况，本章通过问卷调查的方式深入了解 2020 年上半年零售商的自有品牌运营战略。我们通过发放电子问卷的方式对蚂蚁商联的成员企业门店进行了调查，门店问卷调查分为两部分：第一部分是 2020 年上半年的门店基本运营情况，主要包括门店营业时间、门店营业压力与销售渠道建设等；第二部分是 2020 年上半年门店的自有品牌运营情况，主要包括自有品牌的战略地位、品类开发、产品供应与促销支持等。

我们在 2020 年 8 月向蚂蚁商联成员企业的门店发放电子问卷，由门店店长或门店经理填写，共收回问卷 93 份，剔除无效问卷 9 份，最后收集到 84 份有效问卷。参与调查的 84 家门店中，标准超市占样本总量的 53%，便利商店占 23%，大卖场和购物中心占 24%。参与调查的门店中 66% 分布在居民区，25% 分布在商圈，还有 2% 分布在交通枢纽。剩余 7% 选择了其他 84 家门店，其中有 3 家不销售自有品牌商品，其他 81 家门店均销售自有品牌商品。

4.1 中小型零售商门店运营情况

4.1.1 市场对社区门店依赖增加，便利店营业时间逆势增长

如图 4-1 所示，从未停业的门店占样本总量的 91%；曾暂停营业，但时间不超过 7 天的门店占比 8%；曾暂停营业时间为 8~30 天的门店占比 1%。在门店停业情况的业态对比中（见图 4-2），只有便利商店在 2002 年上半年从未停止营业，规模更大的超市、大卖场和购物中心在不同程度上出现了 1 个月以内的停业

现象。其中，标准超市中约有9%的门店在2020年上半年存在停业现象，大卖场和购物中心受到的冲击更大，约有20%的门店出现停业。

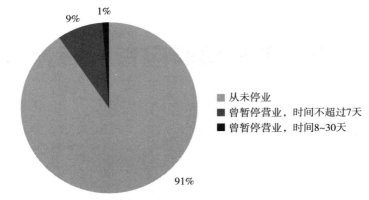

图4-1　2020年上半年门店停业情况

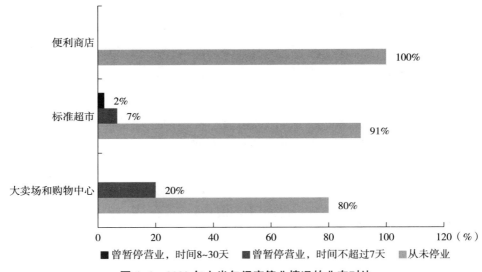

图4-2　2020年上半年门店停业情况的业态对比

在门店整体营业时间中（见图4-3），13%的门店营业时间大幅减少，45%的门店营业时间小幅减少，19%的门店营业时间不变，另有23%的门店营业时间增加。从分业态来看（见图4-4），便利店的营业时间呈现了逆势增长，规模更大的超市和大卖场在不同程度上出现了营业时间的缩减。对于便利商店而言，仅有26%的门店营业时间出现了小幅减少，另有42%的便利商店营业时间增加；对于标准超市而言，67%的门店营业时间减少；对于大卖场和购物中心来说，营业时间减少的门店占比达到了 70%。

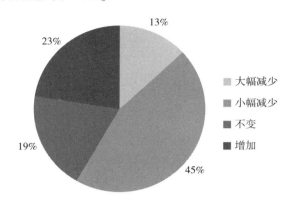

图 4-3　2020 年上半年门店营业时间变化

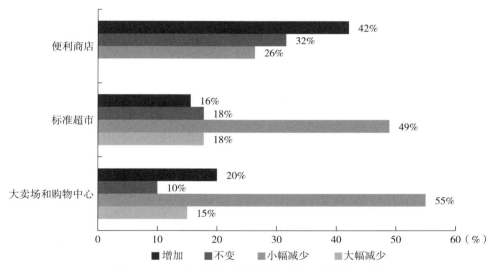

图 4-4　2020 年上半年门店营业时间变化的业态对比

2020 年上半年，消费市场面临严峻挑战，中国采取限制人流聚集、实行封闭管理等措施，大大加强了消费者对社区商业的依赖。其中便利店拥有得天独厚的地理优势，在公众活动范围受限时成为了满足居民日常需求的重要渠道。2020年 3 月 13 日，国家发展和改革委员会等 23 个部门发布了《关于促进消费扩容提质加快形成强大国内市场的实施意见》，其中也专门提出 "促进社区生活服务业发展，大力发展便利店、社区菜店等社区商业，拓宽物业服务，加快社区便民商圈建设"。根据调查结果，2020 年上半年便利商店坚守岗位，无一停业，甚至有近半数门店增加了营业时间，为保证民生发挥了重要作用。在标准超市、大卖场和购物中心营业时间出现不同程度缩减时，便利店营业时间逆势增长，体现出了市场对社区门店的重度依赖。

4.1.2 零售门店受到的销售冲击相对可控，便利店受到的短期冲击最小

为展示 2020 年上半年零售门店销售的冲击强度，问卷统计了 2020 年上半年门店月销量最低值占正常时期月销量的比值。整体来看，48% 的零售门店月销量最低值占正常时期月销量的 80% 以上，即近半数门店未受到严重的短期冲击，另有 52% 的零售门店 2020 年上半年月销量最低值低于正常时期的 80%。如图 4-5 所示，便利商店在月销量最低值平均占到正常值的 79%，受到的冲击最小。标准超市、大卖场和购物中心受到的短期冲击更大一些，分别占到正常值的 64% 和 68%。

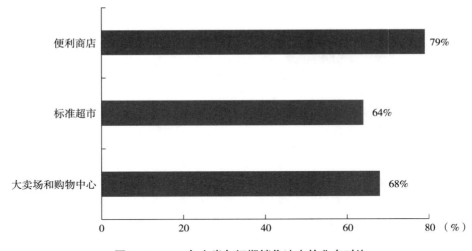

图 4-5　2002 年上半年短期销售冲击的业态对比

2020 年上半年零售门店受到了一定的销售冲击。受出行限制和出行安全的影响，2020 年上半年零售门店的客流出现了明显下降。尤其对非居民区的零售门店来说，其销售情况受到了很大影响。同时消费者的经济预期也产生一些变化，其消费行为更加谨慎和克制，消费者减少在非必需性消费上的支出。2020 年春节，节庆礼品类商品销量也大大减少。相反，2020 年上半年消费者囤货行为

呈现出多渠道方向发展，其他渠道尤其线上渠道的销售也对零售门店的销售构成了直接竞争。但整体来说，零售门店受到的短期冲击相对可控，各业态受到的短期影响基本处于60%~80%。对于主力承担了民生需求的便利店来说，其所受影响更为有限。

4.1.3　零售门店运营的主要压力在于客流和到客配送

图4-6显示了2020年上半年零售门店运营所面临的主要问题的严重程度。其中，客流和到客配送是门店认为其所面临的最严重的问题，其次是上游供应的问题，再次是人力的问题，门店资金链受到的压力并不大。

图4-6　企业运营的主要压力

2020年上半年，零售门店客流受到了一定冲击。2020年1月24日，各地开始实施交通限制和延迟复工措施，自1月底开始实行城市内部封闭式管理措施，这极大地限制了实体门店的客流，造成客流呈断崖式下跌。面对"足不出户"的消费者，如何获客成为了零售门店面临的重要问题。很多门店积极开发多种线上及社群销售渠道，允许消费者通过线上商城、小程序、电话等多种形式进行购买，受到了广大消费者的欢迎。但新的销售模式给零售门店的到客配送带来了较大压力，尤其是在2020年上半年，到客配送成为了消费服务中一个明显的短板。一些门店采取了第三方配送的模式，但第三方配送需求急剧上升，供给出现不足，且成本也出现了大幅提升；一些门店自己开发提供配送服务，但面对急剧增多的订单，门店的人力资源储备也在面临巨大的挑战。客流和到客配送成为了

2020 年上半年零售门店面对的主要问题，但经过各方的努力，这方面的问题已逐渐得到缓解。

2020 年上半年消费者的消费需求出现变化，对特定品类的商品需求大幅上升，这也对零售门店的上游供应形成了挑战，稳定的供应链可以帮助零售门店更好地满足顾客需求并留住顾客。这期间，零售门店的人力管理也面临一定的压力，很多门店面临人力资源不足和人力成本上升的问题。零售商需要进行更灵活的人力资源管理，在这个背景下，也有一些零售商创造性地采用了"共享员工"等方法解决人力问题。资金链对于受访门店来说并不构成重要压力，这在一定程度上是由于其商品品类大多用于满足生活日用等刚性需求，销售情况并没有受到太大冲击，保持了较高的资金周转速度。

4.1.4 零售商线上渠道建设成效显著，其中社群营销渠道成为主流

如前所述，2020 年上半年客流是零售门店面临的主要问题，这一情况迫使零售门店加速进行线上渠道建设。图 4-7 展示了受调门店在 2020 年上半年的销售渠道建设情况，其中 75% 的门店采用了微信、QQ 群营销，48% 的门店通过电话接单，46% 的门店通过微信小程序销售，32% 的门店通过微信公众号销售，30% 的门店通过美团销售，29% 的门店通过线上直播销售，26% 的门店通过线上自有商城销售，20% 的门店通过饿了么销售。值得注意的是，这些线上渠道中有相当一部分是零售商在 2020 年上半年这一特殊时期专门建立使用的。新增销售渠道方面，有 57% 的门店新增了微信、QQ 群营销渠道进行销售，30% 的门店新增了电话接单进行销售，26% 的门店新增了微信小程序进行销售，25% 的门店新增了线上直播进行销售，17% 的门店新增了美团进行销售，13% 的门店新增了线上自有商城进行销售。

2020 年上半年，消费者无接触购买的需求大幅度上升，给门店客流带来了巨大挑战。为了应对大幅减少的线下购买场景，零售商积极转向线上渠道，主动采用微信和 QQ 群、微信小程序、微信公众号、第三方线上平台、线上直播等多种方式进行销售。期间，消费者也对消费渠道的选择做出了适当的调整，促使加快线上线下全渠道零售的落地推广。线上渠道的加入不仅可以在必要时发挥积极作用，也让零售商完善了自身的渠道建设，开发了更多的消费触点，形成了积极的消费者认知，并完成了大规模的私域流量转化。这极大地增强了零售商的自身

竞争力，有利于零售商在新零售浪潮中保有更积极的竞争态势。

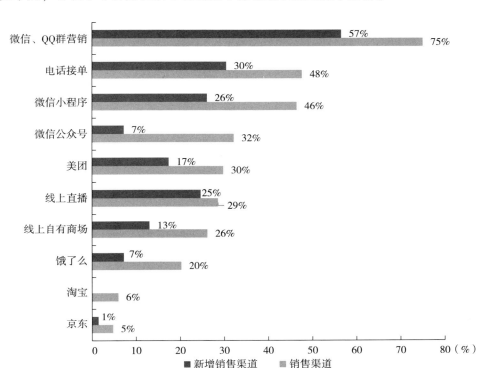

图 4-7　2020 年上半年门店销售渠道条形图

在多种渠道建设中，社群渠道是重中之重。零售门店优越的地理位置往往带有天然的社群优势，通过充分开发利用社群渠道，零售门店将可以实现更好的商品销售、顾客服务和顾客维护。2020 年上半年，很多门店积极建立周边顾客群，定期在群内发布商品促销等信息并组织群内下单，继而通过无接触配送完成购买流程满足顾客需求。商联企业中不少零售商都通过线上社群营销的方式获得了积极的市场肯定。比如，黄商通过对自有品牌的直播带货在短短 4 小时内实现了超过 40 万元的销售额，首航通过对多项网红产品进行社群拼团带货实现了大幅的增量消费。对社群渠道的充分利用可以弥补到店客流不足的问题，充分利用信息传播的优势，建立积极的顾客认知和态度，促进销售转化，增强消费黏性。

4.2 中小型零售商自有品牌运营情况

4.2.1 零售商对自有品牌的销售目标进行了合理调整，大部分门店可基本完成目标

如图 4-8 所示，2020 年上半年，受调查门店中有 67% 的门店所在零售商总部为门店设定了专门的特殊时期自有品牌销售管理目标，33% 的门店没有设定。如图 4-9 所示，设定专门的自有品牌销售管理目标的 54 家门店中，绝大多数门店负责人认为 2020 年上半年零售商总部设置的自有品牌销售目标是合理的，仅有 6% 的门店认为自有品牌销售目标不合理。即多数零售商根据现实情况对自身的自有品牌销售预期进行了调整，大部分门店对零售商制定的销售目标持有认同态度，认为 2002 年上半年的目标是合理的和可达成的。

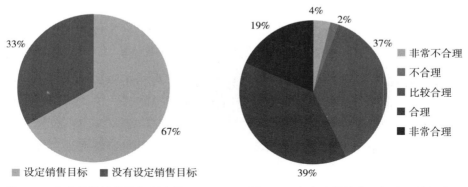

图 4-8 自有品牌销售目标设定情况　　图 4-9 自有品牌销售目标合理性评估

就目标完成情况而言，如图 4-10 所示，有 20% 的门店难以完成零售商总部设置的自有品牌销售目标，目标达成程度小于 80%；33% 的门店可以基本完成销售目标，目标完成程度超过 80%；13% 的门店刚好完成销售目标；另有 33% 的门店可以超额完成销售目标。整体来看，自有品牌的销售情况符合零售商预期，大部分门店可以基本完成销售目标，甚至有 1/3 的门店可以超额完成目标。这一定程度上体现出 2020 年上半年零售商对自有品牌保持了足够的管理能力。

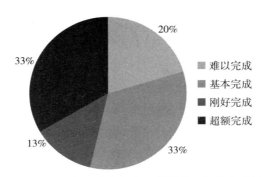

图 4-10   2020 年上半年自有品牌销售目标的完成情况

  如图 4-11 所示，2020 年上半年，不同业态门店在自有品牌销售目标完成情况上存在显著差异。便利商店的自有品牌销售目标完成程度占据首位，达到了109%；标准超市的自有品牌销售目标完成程度为 97%，大卖场和购物中心的自有品牌销售目标完成程度为 96%。2020 年上半年，各业态门店受到不同程度的影响。大卖场和购物中心受到的影响更为严重，主要表现为客流减少以及运营成本增加，大卖场和购物中心的业绩表现不佳。便利店和超市迅速补位，在 2020年上半年表现优秀。便利店的高效运营能力和社区枢纽作用凸显，在 2020 年上半年充分发挥其地理优势，业绩迅速增长。社区附近的便利店增加生鲜供给，方便居民就近采购，为消费者提供了方便。

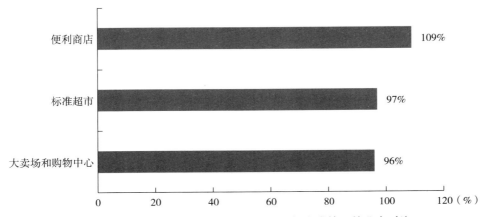

图 4-11   2020 年上半年自有品牌销售目标完成情况的业态对比

4.2.2 自有品牌的贡献存在差别，能从自有品牌中大幅获益的门店不到半数

如图 4-12 所示，2020 年上半年，门店对自有品牌的贡献和优势较为认可，自有品牌对门店的销售业绩贡献（M = 3.41）和竞争优势（M = 3.33）均超过均值。从销售贡献来看，仅有 15% 的门店认为自有品牌具有较小贡献，43% 的门店认为自有品牌贡献中等与平均水平相当，另有 42% 的门店认为自有品牌具有超越平均水平的贡献，其中 15% 的门店认为自有品牌为门店销售带来了很大贡献。即对于 43% 的门店来说，自有品牌销售维持了相对稳定的状态；对于 42% 的门店来说，自有品牌销售做出了更为积极的贡献。不同的自有品牌销售状况提示门店，自有品牌具有很大的销售潜力，尤其是在 2020 年上半年发挥了较大的作用，门店要对自有品牌进行更积极的管理。

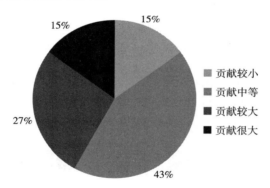

图 4-12 2020 年上半年自有品牌销售业绩贡献评估

如图 4-13 所示，从自有品牌为门店带来的竞争优势来看，41% 的门店认为自有品牌具有超越平均水平的竞争优势，其中 14% 的门店认为自有品牌拥有巨大优势，27% 的门店认为自有品牌具有较大优势；40% 的门店认为自有品牌优势中等与平均水平相当；另有 19% 的门店认为自有品牌竞争优势较小，1% 的门店认为自有品牌没有竞争优势。与 2019 年的自有品牌发展调查相比，门店评估的自有品牌竞争优势均值从 3.89 下降到了 3.33，体现出 2020 年上半年自有品牌表现没能达到门店主的预期。自有品牌可以帮助门店更好地满足消费者的需求、实现差异化以及提高毛利率，让门店具备更强的竞争力，具有明确的长期价值。根据以往经验，经济受创时期自有品牌往往可以凭借自身优势获得极大发展。但从问卷结果来看，并不是所有门店都能充分发挥自有品牌的优势。这个结果显示出零

售商在自有品牌的开发、管理和下行教育方面仍有较大提升空间，同时门店也需要更充分地认知和了解自有品牌的潜在优势，采用合理方式将其发扬光大。

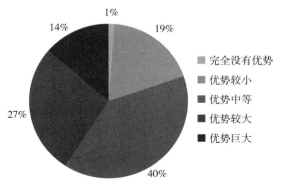

图 4-13　2020 年上半年自有品牌竞争优势评估

4.2.3　2020 年上半年自有品牌占据品类、质量和价格优势，但多数门店没能抓住品牌建设的机会

如图 4-14 所示，2020 年上半年，自有品牌有能力给门店带来更大的竞争优势，这与自有品牌本身的特性和表现直接相关。自有品牌在 2020 年上半年表现出最重要的优势在于品类搭配、产品质量和产品价格，这三项分别获得了 64%、64% 和 63% 的门店管理者的认可。另外还有超过半数的门店管理者认为利润率和供应充足也是自有品牌的主要优势，占比达到 56% 和 51%。在促销支持、营销宣传、产品包装和消费者信任方面自有品牌并没有体现出明显优势，占比分别为 40%、35%、30% 和 26%。

品类管理是自有品牌能够取得成功的关键优势之一。2020 年上半年，中小零售企业保持了较为积极的自有品牌开发战略，新增开发了多种这一特殊时期消费者急需或偏好的商品，通过及时、精确的自有品牌开发丰富了门店的自有品牌产品组合，更快、更好地满足了市场需求。优质低价是自有品牌获得成功的第二优势。自有品牌定位强调品质和性价比，优质低价的商品更易受消费者喜欢。此外，利润率和供应充足也是自有品牌取得成功不可缺少的关键要素。自有品牌供应由于直接与工厂对接，降低了传统制造端到销售端的成本，间接提高了自有品牌商品的毛利，和供应商稳定的合作关系，也使自有品牌在 2020 年上半年能够满足门店供应需求。

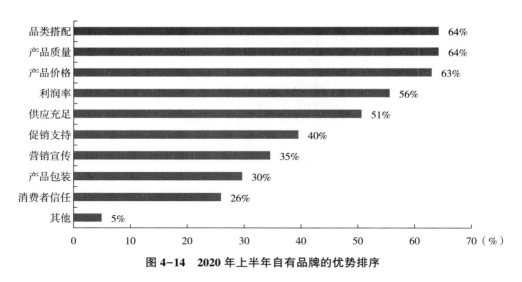

图 4-14　2020 年上半年自有品牌的优势排序

不过，在 2020 年上半年，自有品牌的营销宣传和促销支持并没有取得突出优势，在产品包装和消费者信任方面仍存在短板。一方面，相对紧俏的供给会使很多商品进入供不应求的状态，营销和促销手段相对来说必要性减弱；另一方面，受特殊时期影响，零售商和门店的资金调度变得紧张，商家需要进行更为谨慎的资金分配，而自有品牌的推广在紧要性上并不突出。但是，很多研究表明，在经济下行销售低迷的时期进行营销投入往往可以起到事半功倍的效果。宝洁等消费巨头在历史上多次"逆势而行"，在衰退期积极进行品牌建设并因此获益。美国策略规划研究院在其研究报告中指出，在衰退期大幅提高广告开支的企业可能会忍受短期 ROI 下降，但它们会在长期内获得令人满意的份额和利润。

这一结果提示零售企业需更为关注自有品牌的品牌建设，提高对品牌建设的重视程度。与全国性品牌相比，自有品牌在品牌认知上存在天然的劣势。营销宣传和消费者教育的欠缺会加剧这一问题，导致更低的消费者信任和购买意愿。零售企业可以在自有品牌的营销宣传、促销支持等方面进行更多的努力，但企业同时需要意识到这种努力不一定要采用资金投入的方式。企业可以尝试更多采取公关、店内推广等低成本方式增加品牌曝光，建立良好的品牌形象。另外，零售企业需注意，产品包装关系着消费者对自有品牌的第一印象，优秀的包装可以向消费者传递清晰的产品信息和产品卖点，当前自有品牌在产品包装上尚有较高的改进空间。

总之，零售企业需要进行更多的品牌建设规划和更聪明的品牌建设投入，尤其是在整体市场不景气的时期，品牌建设反而更能撬动市场。品牌建设是重要但并不显得紧急的工作，所以容易得不到相应的重视。但对于将自有品牌作为重要发展战略的企业来说，提高用户对自有品牌的认知度和信任度是自有品牌的毕生功课。品牌建设本不需要时机的选择，最好的时机就是每时每刻。

自有品牌在 2020 年上半年这一特殊时期拥有一些特殊优势，这些优势是否具有延续性也是一个重要的问题。而在其对自有品牌的未来发展造成的影响方面，门店管理者的认知同样存在差别。

41% 的门店管理者认为这一特殊时期对自有品牌未来的发展产生积极影响，49% 的门店管理者认为这一时期对自有品牌的未来发展影响一般，另有 10% 的门店管理者持消极态度。如图 4-15 所示。

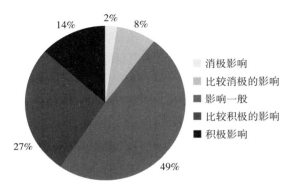

图 4-15　2020 年上半年自有品牌未来发展的影响评估

如前所述，2020 年上半年自有品牌在品类搭配和性价比方面体现出了较为突出的优势，但仍有很多门店管理者对该优势的可持续性存在疑虑。从品类搭配的角度来讲，2020 年上半年自有品牌进行了较多与这一特殊时期相关的品类开发，为零售企业带来了较为理想的销售结果。但这些新开发的品类大多属于"跟风"式开发，存在明显的短期效应，但其是否存在长期效应尚有待验证。从质量和价格的角度来看，受这一时期影响中国经济下行压力增大，拥有更高性价比的自有品牌会得到更多消费者的青睐。但随着市场重新步入正轨，消费者的选择会进一步扩张，零售门店的地理优势会逐渐减弱。当消费者能够重新面对更多同类选择时，零售商自有品牌是否能在更为激烈的竞争中保持优势尚有待时间解答。

毫无疑问，2020 年上半年为自有品牌的发展带来了机会，零售企业需要采用更为长远的战略眼光对自有品牌发展进行规划，将短期优势转变为长期优势。这一特殊时期带来的特定品类销售优势可能并不持久，但企业从中获得的快速进行商品开发的经验和对消费趋势的洞察可以是持久的；消费者对特定自有品牌产品的依赖可能并不持久，但企业借此给消费者留下的良好的品牌认知和体验以及建立的消费者联系可以是持久的。零售企业需要充分利用这一特殊时期带来的机会，建立更长久的自有品牌竞争优势。

4.2.4 自有品牌产品供应相对稳定

从自有品牌商品供应曲线图来看，19%的门店自有品牌商品供应能满足门店100%的供应需求，56%的门店自有品牌供应能满足门店80%以上的需求，72%的门店自有品牌供应能满足门店60%以上的需求（见图4-16）。自有品牌产品的订货周期占比最高的是7天，其次是30天与15天。订货周期控制在7天以内的门店占比53%（见图4-17）。

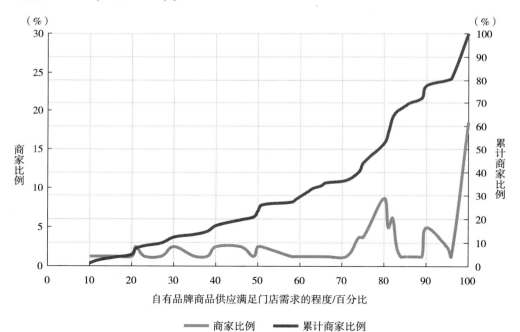

图4-16 自有品牌商品供应满足情况

2020年上半年，供给不足和物流中断的情况给零售门店的供货和库存带来了巨大的挑战，而自有品牌在供应方面存在一定优势。首先，自有品牌的开发要求零售商和供应商之间进行直接的接触和密切的合作，二者之间的紧密联系有助于实现供应的相对稳定。零售商和供应商之间的层级越多、联系越弱，其沟通效率就会越差。自有品牌带来的供应链上的强联系在这一时期发挥了重要作用。如企业直接跟供应商协商，确保自有品牌产品的生产与供应，物流小组处理协调车

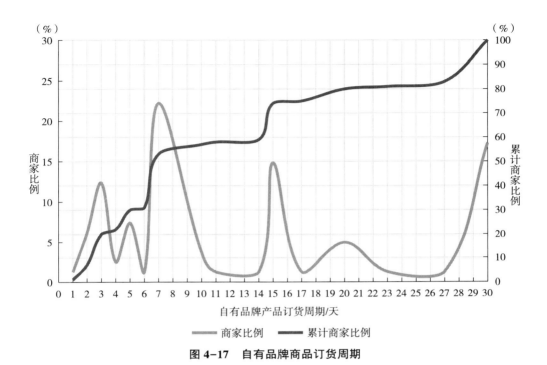

图 4-17　自有品牌商品订货周期

辆，尽可能地保证货物能准确送到商联企业的仓库中。其次，自有品牌的供应链中工厂直连终端，大幅降低了中间（流通渠道及广告投放等）费用，产生了更高的毛利空间。而更高的毛利意味着零售商具有更大的可活动成本范围，使其能够为供应商提供更有吸引力的合作方案。

4.2.5　自有品牌不打价格战，非价格促销比率相对较高

2020 年上半年，40% 的门店自有品牌产品的整体价格水平与正常时期相当。36% 的门店自有品牌产品的整体价格水平低于正常时期，其中自有品牌产品小幅降价的门店占比 25%，中幅降价的门店占比 6%，大幅降价的门店占比 4%。25% 的门店自有品牌产品的整体价格水平高于正常时期，其中自有品牌产品小幅涨价的门店占比 14%，中幅涨价的门店占比 1%，大幅涨价的门店占比 9%。综合来看，自有品牌整体价格相对稳定，变化幅度较小。如图 4-18 所示。

在促销方式的选择上，35% 的门店对自有品牌的非价格促销频率比较频繁，11% 的门店频繁进行。与此相对，32% 的门店会比较频繁地进行自有品牌的价格促销，仅有 2% 的门店频繁进行。如图 4-19 所示。此外，受调查门店对自有品牌

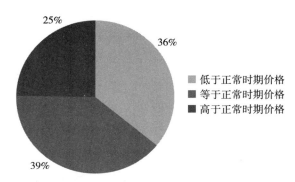

图4-18 2020年上半年自有品牌整体价格变化情况

进行价格促销与非价格促销的频率具有显性差异（M 价格促销=3.05，M 非价格促销=3.37）。自有品牌促销并不强烈依赖于价格促销，非价格促销活动愈加频繁。线上推送、试用试吃等非价格促销可以强化消费者体验，以互动营销的方式提高顾客购买率。

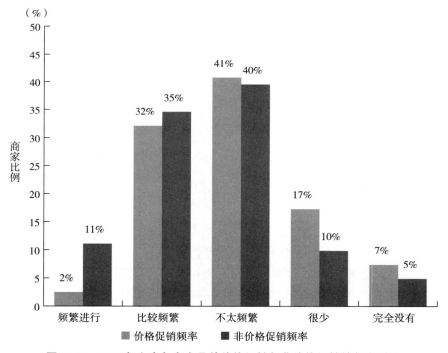

图4-19 2020年上半年自有品牌价格促销与非价格促销的频率对比

2020年上半年，门店对自有品牌的货架陈列给予了较多的支持，赋予自有品牌更多的货架陈列。调查显示，69%的门店自有品牌货架陈列面积明显增加，26%的门店自有品牌货架陈列面积维持不变。如图4-20所示。货架陈列是零售商的重要资源，通过给予自有品牌更多的货架面积，零售商可以更有效率地促进自有品牌的销售。

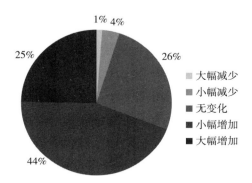

图4-20 2020年上半年自有品牌货架陈列面积变化情况

　　自有品牌在初入市场时往往利用价格促销的方式，刺激消费者购买，进而打开市场。然而，单纯依赖价格促销容易损害自有品牌的形象，引发消费者对原有定价的质疑，培养不良消费习惯，降低企业毛利，影响自有品牌的长远发展。目前，越来越多的零售商开始通过互动式体验营销达到驱动销售的目的，如通过对自有品牌产品进行产品试吃、推广视频、商品广告等手段，增加与消费者的互动和消费者教育，为消费者提供与自有品牌产品更多接触及尝试了解的机会，还可使用货架陈列规划与货架沟通，以情境营销增强消费者体验。门店可以利用自有品牌展示专区提升自有品牌产品的曝光，深化消费者对自有品牌产品的认知度。另外，门店可以利用货架的价格牌、标签和吊牌等向消费者传递产品信息，突出自有品牌产品的优势与价值，更快地帮助消费者完成购买决策过程。

5

中小型零售商自有品牌供应商管理

为深入了解中小零售商自有品牌产品开发及供应商管理的实际情况，我们通过发放问卷的方式获得了 24 家中小型零售企业的数据，其中大型民营企业占83.33%，小型企业占 16.67%；24 家企业主要集中在四五线城市，占比 62.5%，部分企业集中在二三线城市，占比 3%。这 24 份问卷分别由 24 家企业相关管理层人员填写，样本具有一定的代表性，调查结果能够在一定程度上反映被调查企业的自有品牌开发以及与供应商合作情况的现状。

5.1 中小型零售商自有品牌开发情况

5.1.1 宣传力度低成为自有品牌知名度提升的阻碍

在问及企业开发自有品牌的过程中企业规模和知名度的重要性时，有 46% 和33% 的企业认为企业规模和知名度对企业来说重要或非常重要（见图 5-1）。企业知名度是企业的无形资产，是市场竞争的软实力。高知名度的企业不仅可在消费者群体中具有高熟知度，成为产品备选项，同时具有高知名度且规模较大的企业对供应商可提高议价能力，对竞争对手形成威胁，让企业占据市场有利高位。因此，对于新晋企业来说，打开市场，提高知名度是企业发展和竞争战略选择的必选项，而具体的还要靠有力的宣传和品牌推广才可得以落地。

问卷调查结果显示，2020 年这一特殊时期对企业造成的影响主要体现在供应商不足、营销渠道不足、客流量不足和员工数量不足方面，综合评分分别为5.67、4.92、4.63 和 4.42（见图 5-2）。因此，拥有充足且完善的供应链系统是企业应对突发事件的有力助手。另外，在产品的宣传和推广方面存在力度和渠道的多样性方面有待改进和提高。而企业的营销宣传、推广力度与品牌知名度密切相关，品牌知名度低必然造成消费者对产品的熟知度弱等问题，影响产品的销售和企业业绩。

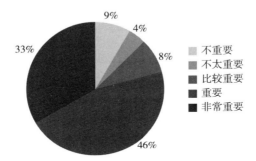

图 5-1　企业规模和知名度的重要性饼状图

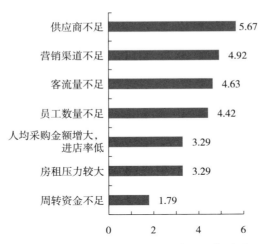

图 5-2　2020 年上半年企业面临问题条形图

5.1.2　多样化的营销方式帮助企业走出困局

受访企业中，有 95.83% 的企业认为面对 2020 年这一特殊时期，可以通过加强社群营销以及提高多渠道获取商品资源的采购能力能够帮助企业发展。有 87.5% 的企业认为扩大线上销售渠道能够帮助企业发展；83.33% 的企业认为提供送货到家服务有助于企业发展（见图 5-3）。由此可以看出，面对一些让企业措手不及的突发事件，除了商品之外，对于企业来说更重要的是资源和销售渠道的便捷，这是对企业组织柔性和应对突发事件的响应能力的一场考验。对于自有品牌开发的企业来说，商品的性价比固然重要，但与此同时也要研究消费者的消费习惯和行为，提供更加便利的销售和物流渠道。

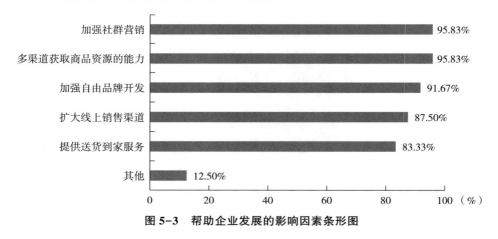

图 5-3　帮助企业发展的影响因素条形图

5.1.3　中小零售企业的自有品牌发展需要多维度的资源支持

在受访企业中，关于对企业帮助的影响因素方面，企业认为企业内部的战略支持、人力支持、供应商资源、市场研究与调查这四方面对企业渡过难关至关重要。受访企业中有占 63% 的企业认为企业内部的战略支持对企业渡过难关以及未来的企业发展非常重要（见图 5-4）。有 38% 的企业认为人力支持对企业的自有品牌开发重要，有 42% 的企业认为人力支持非常重要，会对企业的自有品牌开发给予较强的支持力度（见图 5-5）。有 50% 的企业认为供应商资源非常重要，有 25% 的企业认为供应商资源重要，可见在供应商资源方面对企业自有品牌开发的重要程度（见图 5-6）。因此，中小型零售企业应发挥优势，整合供应商资源，可助力企业优质的自有品牌产品的开发。最后，有超 3/4 的企业认为市场研究与调查对企业自有品牌的开发具有重要和非常重要的作用（见图 5-7）。中小企业需要整合资源，联动线上线下，开展数据获取、整合及分享，及时获取消费者行为动向，抓取市场机会，站在市场和消费者的角度开发出适市产品，让中小企业的自有品牌开发优质且有量。

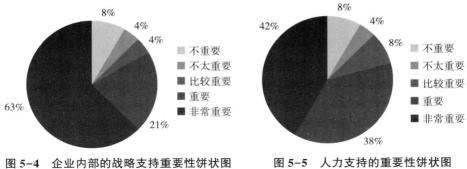

图 5-4 企业内部的战略支持重要性饼状图   图 5-5 人力支持的重要性饼状图

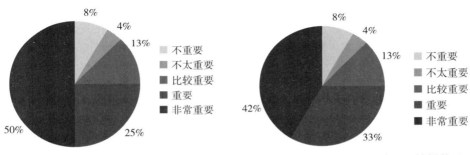

图 5-6 供应商资源的重要性饼状图   图 5-7 市场研究与调查的重要性饼状图

5.1.4 中小型零售商助推成员企业自有品牌开发

在受访企业中，在自有品牌开发方面，调查显示，有 1/3 的企业认为其在自有品牌开发方面的准备不太充分，只有 29% 的企业认为其在自有品牌开发方面准备充分；而只有 17% 的企业对自有品牌开发的能力持有充分的信心（见图 5-8）。研发能力需要企业资金、人力等各方面资源的支持才可得以顺利推动，企业大多为中小型零售企业，在研发方面的投入可能是企业发展的短板，因此可看出中小企业在自有品牌研发方面的准备和能力的不足。

而根据问卷调查，受访企业中有 50% 的企业认为中小型零售企业的支持和帮助对企业自有品牌开发非常重要，有 29% 的企业认为中小型零售企业的支持和帮助对企业自有品牌的开发重要（见图 5-9）。可见，中小型零售企业在自有品牌的开发方面占据着重要的位置。

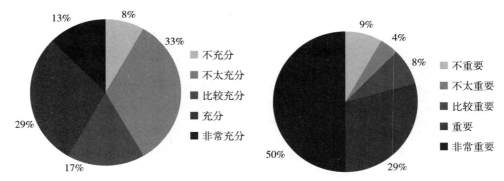

图 5-8 中小型零售企业自有品牌准备情况饼状图   图 5-9 中小型零售企业的重要性饼状图

根据受访企业的问卷结果，中小型零售企业在 2020 年上半年对成员企业在健康防护类产品的开发方面给予了较大的帮助，这得益于中小型零售企业强有力的执行力以及对市场机会的准确判断。另外，2020 年上半年中小型零售企业在信息共享、渠道分享、产品宣传方面也做出了努力，能够及时地组织力量采购紧俏商品。这都体现了中小型零售企业团结一致的企业精神和优良作风，与成员企业一起携手共渡难关。

通过调研发现，中小型零售企业也希望能够在商品的宣传与推广、零售商业知识的提升以及自有品牌开发方面给予成员企业更多的支持与指导，促进企业之间的资源整合，提升自有品牌产品的开发实力，以提高中小型零售企业的整体零售水平和业绩。

5.1.5 中小企业将会加快自有品牌开发

随着自有品牌在中国的稳步发展，物美价廉的自有品牌逐渐得到了消费者的认可。2020 年上半年，物资缺乏、哄抬物价的不良现象屡见不鲜，而正是由于自有品牌的开发、生产体系形成的高品质且平价的优势得以让中小企业在这一时期拥有多样化的产品供应，保证了稳定的商品供应，赢得良好的消费者口碑。不仅体现了企业良好的企业社会责任形象，同时也反映出中小型零售企业应对市场变化的灵活度、强有力的组织执行力和良好的组织韧性。因此，在受访企业中，有 88% 的企业认为，在未来，消费者对自有品牌的认可度将会提高，带来更好的市场效应（见图 5-10）。同时，有 88% 的受访企业表示未来将会加快自有品牌的开发（见图 5-11），抢占中国市场上自有品牌的有利位置，继续发挥中小企业自有品牌开发的独特优势。

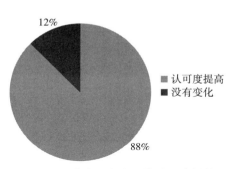

图 5-10 消费者对自有品牌认可度饼状图

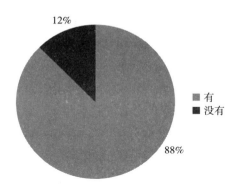

图 5-11 中小型零售企业的自有品牌
开发计划饼状图

5.2 中小型零售商与供应商的合作情况

5.2.1 多数供应商供货正常但难以保证货物质量

在关于企业与供应商的合作情况的问题中，有 46% 的企业认为合作情况没有变化且能够保证正常供应（见图 5-12），说明尽管在 2020 年上半年这一特殊条件下，多数供应商仍然可以保持货物的正常供应，供应商在重大公共突发情况下依然能够与企业保持良好的合作，夯实了二者以后合作的基础，增添了相互的信任。

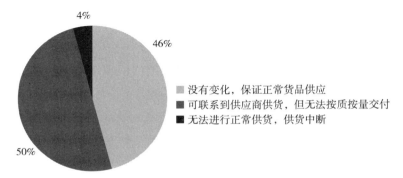

图 5-12 2020 年上半年供应商交货情况的饼状图

但是 2020 年这一特殊时期在一定程度上还是影响了供应商的正常供货。问卷调查显示，有 50% 的供应商虽然可以保持联系，但无法按质按量交付货物。由此可见，在本次调查的企业中，无法按质按量交货的供应商也是占了不小的比例；同时，存在 4% 的供应商无法进行正常供货，使得供货中断。

企业与大多数供应商在这一时期还是保持了正常的合作，虽然这一特殊时期影响了供应商的生产水平与质量，相信供应商在情况有所缓解后，尽力提高生产供货水平，恢复以往情况，继续与企业共同发展。

5.2.2 供应商对企业的配套供货和支持力度变化不大

在 2020 年上半年，供应商的配套供货变化情况的调查中，有 46% 的企业认为供应商的配套供货没有变化，上游配套供货正常（见图 5-13）；调查显示，有 50% 的企业认为供应商的配套供货有一定变化，部分配套未上班。由此可见，在这一时期，大多数供应商的配套供货可以满足企业的正常运行，对企业影响不大；供应商对于企业的配套供货变化不大，尤其是上游区间，基本无变化。

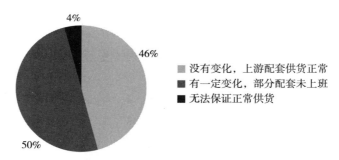

图 5-13 2020 年上半年供应商配套供货变化情况的饼状图

在 2020 年上半年原有供应商对企业供货的支持力度的调查中，企业对供应商评价的平均分为 103.33 分，满分为 200 分。由此可见，企业对于供应商的支持处在中间水平，100 分上下的分数表示这一时期前后供应商的支持力度基本没有差别。

5.2.3 供应商面临的主要问题

供应商对供货的影响主要集中在资源、物流、成本三个方面。根据 2020 年上半年企业供货影响状况的调查结果，在这一特殊时期影响下，91.67% 的企业会认为供应商的资源不足，83.33%的企业认为供应商的物流运输受到影响，66.67%的企业认为供货成本上升（见图5-14）。

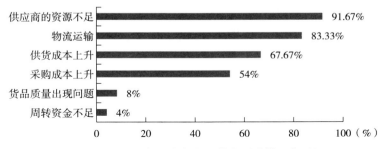

图5-14 2020年上半年企业供货影响情况条形图

第一，供应商的资源不足。调查结果显示，在2020年上半年，绝大多数企业都认为供应商的资源不足。供应商的原料收集、人员调配、应急管理方案都受到巨大的冲击，供应商的资源不足，周转不开是这一时期的特殊情况。但是根据此次事件，供应商在今后的工作中应当做好对应急事件的充足准备，建立适当的应急预案，保有一定的安全库存，以此可以保障在特殊情况下企业的正常运行和高速流转。

第二，物流运输。调查结果显示，在2020年上半年，大多数企业都认为供应商的物流运输受到影响。物流运输是供应商与企业合作十分重要的环节，企业与供应商不在同一个地方，货物的运输和配送以及物流周期，是企业维持正常运营的基础。2020年上半年，物流运输物资的能力及其运输都备受挑战，合理地协调供应商及其物流状况，是企业发展的重要课题。

第三，供应成本较高并且呈上升趋势。企业认为，2020年上半年原材料价格和供货成本呈上升趋势，其中58.23%的企业认为企业面临的原材料价格和供货成本呈现出小幅上涨，12.5%的企业认为企业面临的原材料价格和供货成本呈现出大幅上涨（见图5-15）。原材料价格和供货成本的上升趋势反映出2020年上半年这一特殊时期对于企业的供应影响较大。

采购成本、物流运输以及员工工资都是企业在2020年上半年的进货支出排序中排名比较高的因素，这三者的排序平均得分差距不大，极差仅在0.08。由此可见，采购成本、物流运输和员工工资给企业在2020年上半年造成了较高的成本压力，企业应该有效调整三者的支出安排，合理规划企业的供应成本。

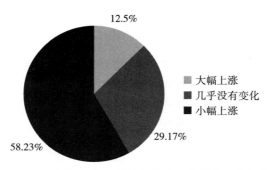

图 5-15　2020 年上半年企业原材料价格和供货成本变化的饼状图

5.2.4　企业认为找到替代供应商的难度不大

本次调查针对企业在 2020 年上半年寻找新的供货商的难易程度做了调研，根据调查结果，多数企业认为能够找到替代供应商的难度不大，其中有 33% 的企业认为难度一般，29% 的企业认为难度较小，21% 的企业认为没有难度，仅有 17% 的企业认为找到替代供货商难度较大（见图 5-16）。由此可见，在 2020 年上半年这一特殊时期中，企业面临供货中断的条件下，仍然有大多数企业认为找到替代供货商难度不大，企业在市场中的选择权较大，同时这也进一步说明了在市场中供应商所面临的竞争压力较大。

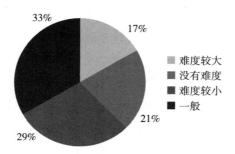

图 5-16　2020 年上半年企业找到替代供应商难易程度的饼状图

5.2.5　企业对供应商的期望较高

在 2020 年这一特殊时期影响下，企业对合作的供应商存在着较高的期望；期望主要表现在供应的商品能够按质按量的正常供给，供应商能够保证货物的供给量，供应商能够与企业进行市场信息的共享，供应商能够进行零供的公平交易，以及能够统一配送货物，和企业保持密切的配合度。

根据问卷调查，24家企业对于供应按质按量供给商品的期望最高。按质按量的供应是企业保持正常运转的基础，所以企业对于按质按量的期望是最高的，平均综合得分为4.0分（见图5-17）。同时，企业对与合作的供应商的供给质量、数量、配送统一、共享市场信息以及配合度等的期望平均得分均大于3分，也处于较高水平。由此可见，企业与供应商的连接是紧密的，企业对于供应商的期望处于较高水平。

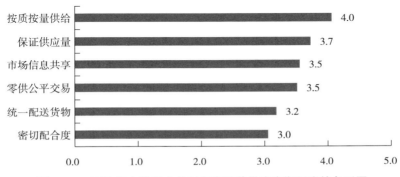

图5-17　2020年上半年企业对自有品牌供应商期望度的条形图

（1）企业对供应商的期望是多样的。根据2020年上半年的经验，企业萌发出一些期望供应商能够合作的服务。新的期望主要来自供应商的服务、供应商所供应的产品、供应商的数据支持方面。

在供应商的服务方面，企业希望供应商能够提供拆零配送，降低商品的最小起订量，能够提供高效的服务及时持续供货，提高配送服务的水准。

在供应商所供应的产品方面，保持产品的质量、数量和价格是企业最关注的点，并希望能按时按量到货，同时企业希望供应商的货源是充足的，能够提供一些包装新颖和市场有差异化商品。

在供应商的数据支持方面，企业希望供应商可以进行数据分享、营销支持，分享品类发展趋势分析，商品推广支持。

由此可见，企业对供应商的期望是多层次、多角度的。对比以往服务，企业从售卖、物流、营销阶段提出更全面的服务方式，对供应商有更严格的要求，逐步提高供应商的进入壁垒。

（2）企业希望供应商的信息共享是及时、准确、全面的。企业期望合作的供应商在信息共享程度方面的要求较高，主要表现在信息共享的时效性、准确性以及全面性，这对供应商的信息处理技能带来了更大的挑战。

根据问卷调查，供应商的营销产品信息、品类销售现状及其趋势信息、供应资源信息、零售市场信息等内容能被及时、准确地传递给企业，是企业目前对于供应商信息共享的期望。

由此可见，在大数据时代，企业对于发展过程中各个阶段信息的要求逐步提升。自有品牌企业对供应商的信息服务要求均处在较高水平，企业希望能够及时、准确、全面地掌握供应商的资源、库存、商品、物流、供应链等相关信息，所以企业对于供应商的选择以及供应商的准入门槛后期需要重点优化。

6

中小型零售商自有品牌消费者画像

　　自有品牌的发展需要消费者的大力支持，在本章内容中，我们选取了食品和日用品这两项中小型零售企业开发涉入度最高的品类，从中挑选了两个典型品牌对其消费者进行了实地问卷调查。我们希望通过调查为中小型零售企业的自有品牌消费者进行一个概括性的画像，描述这些自有品牌消费者的人口特征、自有品牌消费行为、对自有品牌的态度和看法。

　　调查选取了食品类品牌"我得"和生活用品类品牌"极货"作为自有品牌代表。其中"我得"自有品牌主要经营食品类产品，截至 2020 年 7 月，已成功上市 194 支单品。"极货"自有品牌以"务实派的生活家"为口号，主要经营非食品类产品，已上市 436 支单品。这两个品牌已上市超过一年时间，产品线较多，具有一定的代表性，因此，本书主要以"我得""极货"品牌为例对消费者画像进行分析。研究团队于 2020 年 7 月于零售商实体店铺中向消费者发放了电子问卷，共收回有效问卷 209 份。本次问卷调查获取的样本均为零售商的实际消费顾客，在一定程度上能反映中小型零售商自有品牌的消费者特征。

6.1 中小型零售商自有品牌中食品品类消费者画像

6.1.1 消费者对"我得"自有品牌的了解程度有所提高

　　"我得"自有品牌的消费者调查结果显示，有 96.65% 的消费者听过或了解过"我得"品牌，其中购买过"我得"品牌产品的有 189 人，占比 90.43%；6.22% 的消费者没有购买过"我得"产品。如图 6-1 所示。相比 2019 年，消费者听过或了解过且购买过"我得"品牌产品的程度从74%提高到了96.65%，由此可见，消费者对自有品牌的了解程度以及消费行为有所提高。

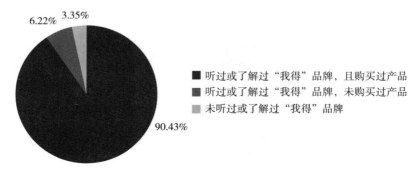

图6-1 "我得"品牌消费者了解情况

6.1.2 31~50岁女性为消费主力军

"我得"自有品牌的消费群体主要是处于中年阶段的女性，年龄集中在31~50岁，占整体比例的88%。21~30岁和51岁以上的消费者分别仅占7%和5%。且在被调查的消费者中，女性占比94%。中年女性这部分消费群体消费自主性强，对于新鲜事物的接纳程度高，更容易尝试并接受自有品牌。如图6-2、图6-3所示。

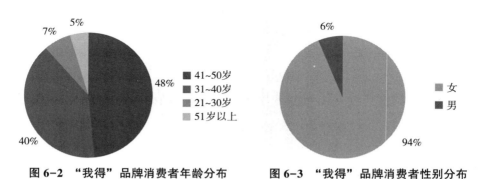

图6-2 "我得"品牌消费者年龄分布　　　图6-3 "我得"品牌消费者性别分布

6.1.3 消费者主要为中专及以下学历

"我得"品牌消费者主要为中低学历群体，数据显示，有55%的消费者是初

中以下学历，有 38% 的消费者是高中/中专学历，而本科/大专以上学历的仅占
7%。如图 6-4 所示。

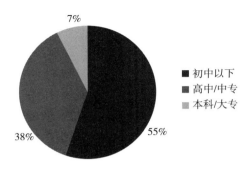

图 6-4 "我得"品牌消费者学历分布

6.1.4 三口之家和三代同堂是购买主力

"我得"品牌的消费者家庭规模大多为三口之家和三代同堂，占比分别达到
53% 和 25%，三代以上的占比达到 14%，家庭成员少于 3 人的仅占 8%。如
图 6-5 所示。家庭人口数的增加使得消费者对于拥有多品类产品品牌的消费也随
之增加。

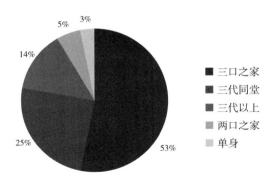

图 6-5 "我得"品牌消费者家庭结构

6.1.5 消费者人均可支配收入主要在 1000~3000 元

"我得"自有品牌的大部分消费者人均可支配收入在 1001~3000 元，其中

1001~3000元的消费者占比最大，达到74.07%；高收入消费者较少，其中可支配收入在5000元以上的消费者仅占2.12%。如图6-6所示。由于销售"我得"品牌产品的零售商大多位于中国的三四线城市，居民收入水平相比一二线城市较低，可支配的收入也会随之降低。此外，三四线的消费者对于产品的价格较为敏感，更加追求产品的性价比，因此对于"我得"的高性价比产品会更为青睐。

相比2019年的统计结果，"我得"品牌消费群体的可支配收入有了很大的变化，从3000元以上降至3000元以下，造成这种变化的原因可能是2020年上半年很多企业没有开工，导致企业无法为员工发放工资，因此员工的收入产生很大的变动。

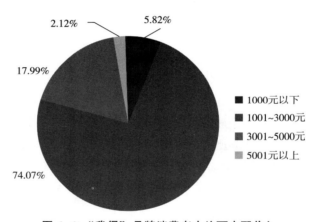

图6-6 "我得"品牌消费者人均可支配收入

6.1.6 消费者对"我得"品牌的了解主要来源于超市

通过对202名听说过或了解过"我得"品牌的消费者进行调查，消费者对"我得"品牌的了解渠道主要是在超市中看到。被调查的所有消费者均表示在超市中看到过"我得"品牌产品。仅有少数消费者表示从亲友、报刊、网络等其他渠道了解过"我得"品牌（见图6-7）。

6.1.7 消费者增加对"我得"品牌粮油、冲调食品和休闲零食的购买

调查显示，在2020年这一特殊时期前后购买过"我得"品牌产品的消费者

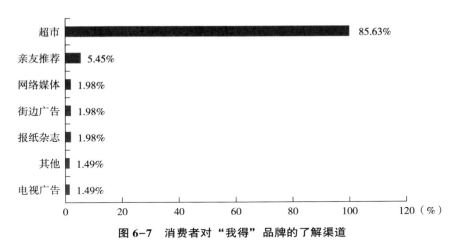

图 6-7 消费者对 "我得" 品牌的了解渠道

占比分别为 92.57% 和 90.59%。相比 2020 年特殊时期前，这一时期消费者对粮油、冲调食品以及休闲零食的消费有所上涨，对于速食品、酒水饮料以及乳制品的消费有所减少。这可能是因为这一时期受多种因素的影响大家有更多的时间待在家里，无法外出，增加了做饭的频率，因此对于粮油类产品的需求量就会有所上涨。此外，由于大家长时间待在家中可能会比较无聊，所以会选择吃一些小零食来打发时间，因此对于休闲零食类产品的购买行为也会有所增加。然而由于2020 年上半年，人们减少了走亲访友等行为，因此对于乳制品的购买行为会有所减少。如图 6-8 所示。

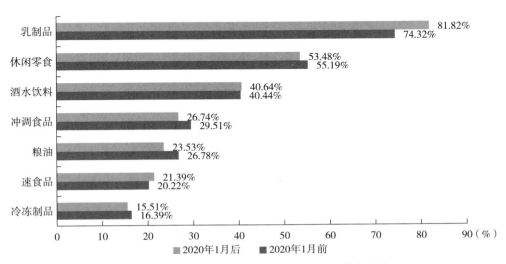

图 6-8 2020 年前后消费者购买 "我得" 品牌产品情况

6.1.8 影响消费者购买"我得"品牌产品的主要因素是食品安全

调查显示，食品安全、促销活动和购买便利性为影响消费者购买"我得"品牌产品的三大主要因素。这表明消费者在 2020 年上半年更加重视食品安全问题，而且由于特殊时期外出购物存在风险和隐患，因此消费者也比较重视购买便利性的问题。与 2019 年的调查结果一致，促销活动对于消费者购买"我得"产品的影响依然较大，可见即使在这一特殊时期的影响下，消费者依然对价格比较敏感。如图 6-9 所示。

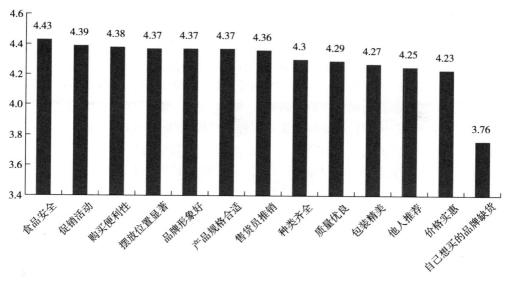

图 6-9 影响消费者购买"我得"品牌产品的因素

6.1.9 消费者认为"我得"品牌产品的品质很高

在对"我得"品牌消费者总体印象调查中，产品品质得分相对较高，而品牌知名度和吸引力得分偏低。这表明消费者认为"我得"品牌产品的品质很高。相比 2019 年，消费者对"我得"品牌产品品质的印象有所提高，从 3.07 分提升到了 4.36 分，对于性价比的印象也从 2.99 分提高到了 4.28 分。由此可见，2020 年"我得"品牌在产品品质和价格方面做出了较为突出的改进。如图 6-10 所示。

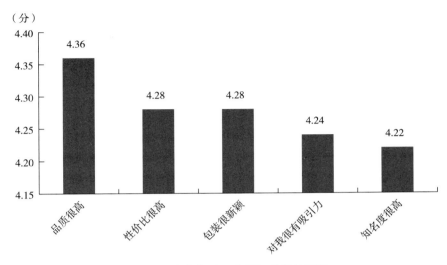

图 6-10 消费者对"我得"品牌的印象

6.1.10 消费者对"我得"品牌乳制品的重购意愿和推荐意愿最高

消费者对"我得"品牌产品的复购意愿比较高，有 97.14% 的消费者表示会再次购买"我得"品牌产品，其中对于乳制品的重构意愿最高。益普索的《疫情期间日用品采购行为洞察》相关数据显示，75% 的消费者表示在 2020 年上半年"更加关注身体健康"，消费者对喝牛奶的关注度也随之提升。因此，消费者对乳制品的重构意愿较高。与此同时，消费者对于"我得"品牌产品的推荐意愿也较高，有 99.47% 的消费者表示会向身边的人推荐"我得"品牌产品。其中推荐意愿前三位的产品分别是乳制品、休闲零食和酒水饮料（主要是啤酒和软饮）。总体而言，相比 2019 年，消费者对"我得"品牌产品重构意愿和推荐意愿均有所提升，其中重构意愿提升最明显的是乳制品，推荐意愿提升最明显的是乳制品和休闲零食。如图 6-11、图 6-12 所示。

6.1.11 消费者偏好会员价和特价的促销方式

根据消费者对"我得"品牌各品类产品促销方式偏好的调查，消费者更倾向于特价和会员价这两种直接体现在商品价格降低的方式，而对于送赠品这种促销方式不太敏感，这种倾向在不同品类的商品之间的区别较小。相比于多品牌联合促销和满减这种花相同的钱获得更多的产品，消费者更偏好花较少的钱购买需要的、适量的产品。

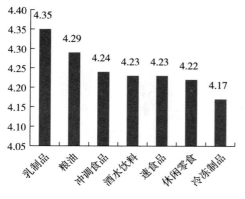

图 6-11 消费者对"我得"品牌产品的重购意愿

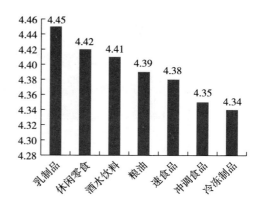

图 6-12 消费者对"我得"品牌产品的推荐意愿

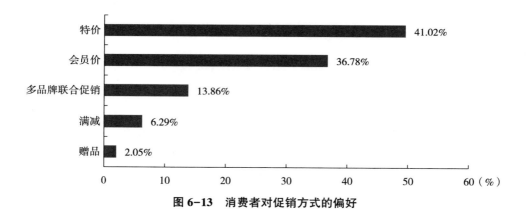

图 6-13 消费者对促销方式的偏好

6.1.12 消费者倾向于购买大包装产品

2020 年上半年，根据对消费者购买商品规格的调查，24.54% 的消费者会购买更大包装规格的产品，66.62% 的消费者会在购买产品时规格没有变化，仅有 8.84% 的消费者会购买小包装的产品。2019 年的调查数据显示消费者更喜欢购买小包装规格的产品，愿意购买大包装规格产品的低于 10%。而在 2020 年这一特殊时期，消费者对于大包装规格的产品购买行为有所增加。这表明在这一时期的影响下，消费者呈现出了逐渐偏向购买大包装产品的趋势，以减少外出采购的次数。如图6-14所示。

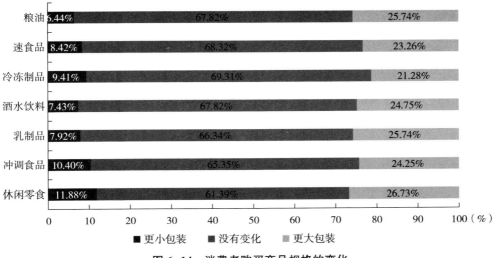

图6-14　消费者购买商品规格的变化

6.2 中小型零售商自有品牌中生活用品品类消费者画像

6.2.1　消费者对"极货"自有品牌的了解情况有所提高

通过对消费者的调查，有94.26%的消费者表示听过或了解过"极货"品牌，其中购买过"极货"品牌产品的有188人，占比89.95%，有10.05%的消费者表示没有购买过"极货"产品。如图6-15所示。可见在受访群体中大部分消费者购买过"极货"品牌的产品，说明"极货"品牌具有一定的消费群体，但也应该注重培养那些还不了解"极货"品牌的潜在消费者。

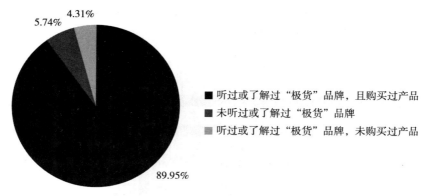

图 6-15 "极货"品牌消费者了解情况

6.2.2 中年女性为消费主力军

在此次调查人群中，对于"极货"自有品牌的消费者年龄主要来源于 31~50 岁的中年女性，占整体比例的 90%。21~30 岁和 51 岁以上的消费者分别仅占 6% 和 4%。如图 6-16 所示。由于中年女性这部分消费群体消费自主性强，且大部分消费者的家庭规模较大，所以对于生活用品的需求较大。如图 6-17 所示。

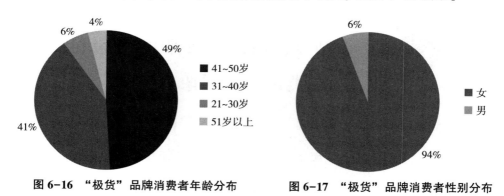

图 6-16 "极货"品牌消费者年龄分布   图 6-17 "极货"品牌消费者性别分布

6.2.3 消费群体主要为高中/中专以下学历

"极货"品牌消费者主要为中低学历群体，调查数据显示，高中/中专以下学历的消费者占调查群体的 93%，而本科/大专以上学历的仅占 7%。如图 6-18 所示。

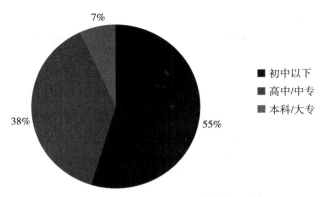

图 6-18 "极货"品牌消费者学历分布

6.2.4 消费者家庭结构以三口之家和三代同堂为主

通过对购买过"极货"品牌产品的消费者调查,"极货"品牌的消费者的家庭规模较大,家庭成员 3 人以上的占比 92%,单身或两口之家消费者的仅占 8%。家庭人口数的增加使得消费者对于生活用品的消费需求也随之增加。如图 6-19 所示。

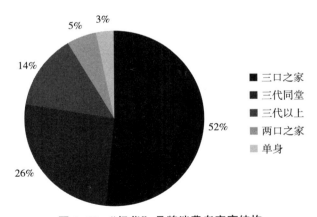

图 6-19 "极货"品牌消费者家庭结构

6.2.5 消费者人均可支配收入主要在 1001~3000 元

"极货"自有品牌的大部分消费者人均可支配收入在 1001~3000 元,其中

1001~3000 元的消费者占比最大，达到 73.94%，高收入消费者较少，其中可支配收入在 5000 元以上的消费者仅占 2.06%。与"我得"消费群体类似，消费者可能受特殊时期的影响导致收入减少，可支配收入随之减少。如图 6-20 所示。

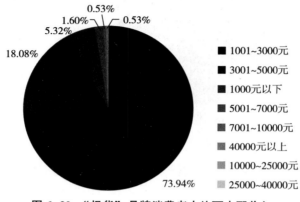

图 6-20 "极货"品牌消费者人均可支配收入

6.2.6 消费者对"极货"品牌的了解主要来源于超市

通过听说或了解过"极货"品牌的消费者进行调查，消费者对"极货"品牌的了解渠道主要是在实体超市中看到。仅有少数消费者表示也从亲友、报刊、网络等其他渠道了解过"极货"品牌。如图 6-21 所示。

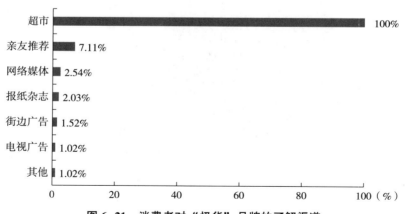

图 6-21 消费者对"极货"品牌的了解渠道

6.2.7 消费者购买"极货"产品情况

调查显示，2020 年上半年，消费者对小苏打系列产品、拖鞋、防护消杀产品以及卫浴用品的消费有所上涨，其中防护消杀产品的涨幅最大，涨幅为 9.61%；对于纸品类、牙刷品类、一次性用品以及竹制品的消费有所减少。如图 6-22 所示。毋庸置疑，在 2020 年这一特殊时期，人们对防护消杀类产品的需求大幅增加，因此会增加此类产品的购买。据报道，在这一特殊时期影响下，外国消费者哄抢卫生纸，使各大超市纸品处于紧缺状态。在中国，消费者在 2020 年上半年对纸品的购买情况却完全相反。日本同志社大学社会心理学系的中谷内一也就抢购行为进行了分析，其指出，听说"缺货了"的人会以平时成倍的量购买商品，导致真正的商品短缺，而看到店里都没货了的人就会再买此类商品，从而形成了一种社会现象。那为什么中国没有出现相同的情况呢？首先，用纸量可能是使国内外对卫生纸购买行为产生差异的原因。据统计，在美国，人均每年能用掉 141 卷卫生纸、德国用掉 134 卷、英国用掉 127 卷，而中国人均每年用纸量仅为 49 卷。其次，中国的消费者认为，相比口罩、洗手液、消毒液这类物品，卫生纸并不是刚需。而且可能许多消费者在"双十一""双十二"等打折大促期间已经囤了很多卫生纸。因此，在 2020 年上半年，消费者对卫生纸的需求就会相应减少。

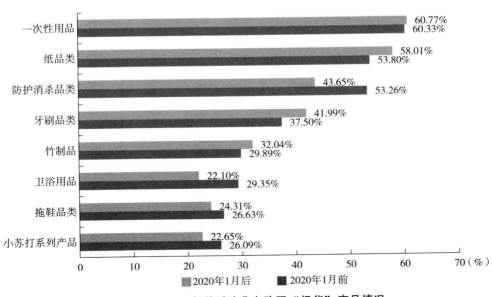

图 6-22　2020 年前后消费者购买"极货"产品情况

从消费支出和购买数量来看，2020 年上半年，大部分消费者对 "极货" 各品类产品的购买数量呈持平或增长态势，仅有小部分消费者减少了购买数量。其中，对防护消杀类产品和一次性用品的消费增幅相对较大。这是由于在这一特殊时期消费者更加重视卫生问题，对于消毒液、消毒凝胶、一次性手套等用品的需求增加。如图 6-23、图 6-24 所示。

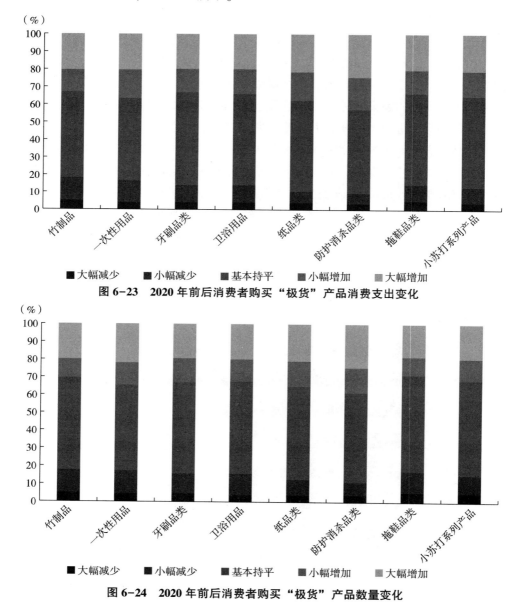

图 6-23 2020 年前后消费者购买 "极货" 产品消费支出变化

图 6-24 2020 年前后消费者购买 "极货" 产品数量变化

6.2.8　消费者认为"极货"产品实用性强，对产品摆放位置最为满意

在消费者对"极货"品牌形象的调查中，产品实用性和安全性得分相对较高。如图 6-25 所示。在消费者对"极货"品牌产品满意度的调查中，消费者对"极货"品牌产品整体较为满意，其中对产品质量和摆放位置尤为满意，表明中小型零售企业的培训和指导较为有效。与"我得"相比，消费者对"极货"品牌的包装满意度还较低，可见"极货"品牌的包装还有待改进。如图 6-26 所示。

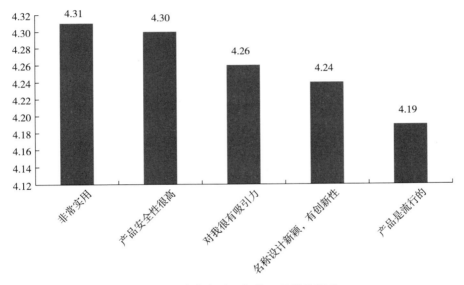

图 6-25　消费者对"极货"品牌的印象

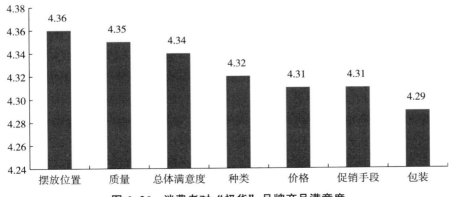

图 6-26　消费者对"极货"品牌产品满意度

6.2.9 消费者对"极货"纸品类和防护消杀品类的重购意愿与推荐意愿高

调查显示，有 80.65% 的消费者表示会再次购买"极货"产品。其中，消费者对纸品类和防护消杀品类的重购意愿与推荐意愿高。这可能是因为在当前阶段，这一特殊时期并未完全消失，因此消费者依然会购买防护消杀类产品来保护自身安全。此外，也可能是因为"极货"产品性价比较高，实用性强，使消费者愿意再次购买或推荐其他人购买。如图 6-27、图 6-28 所示。

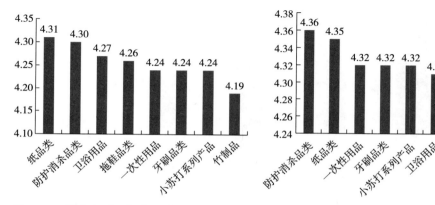

图 6-27 消费者对"极货"产品的重购意愿　　图 6-28 消费者对"极货"产品的推荐意愿

6.2.10 消费者偏好特价和会员价的促销方式

根据消费者对"极货"品牌各品类产品促销方式的调查，消费者更倾向于特价和会员价这两种直接体现在商品价格降低的促销方式，对于赠品和满减的促销方式偏好较低。相比于花等量的钱买更多的产品，消费者更倾向于花更少的钱买适量的产品。这为"极货"品牌今后的促销方式改进提供了方向。如图 6-29 所示。

这两项调查的结果显示，中小型零售商的自有品牌有能力获得消费者的认可，并且已经积累了一部分消费群体，其中中年女性是消费的主力军，而家庭人口数的增加也使自有品牌的销量逐步增加。消费者在购买自有品牌产品时会注重品牌的高性价比和优质的产品质量，因此充分发挥现有的价格优势和产品质量优

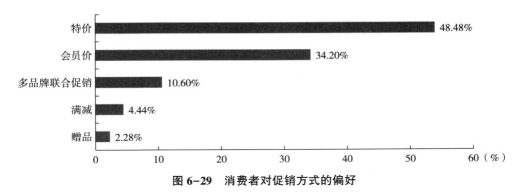

图6-29　消费者对促销方式的偏好

势，有利于中小型零售商自有品牌的持续发展。中小型零售商还可以充分发挥渠道优势，利用店面内部的宣传、摆放等资源推进自有品牌的发展。此外，自有品牌的发展必须充分跟进当前消费形式的变化趋势，以满足顾客实际需求为首要目标。

7
中小型零售商自有品牌案例研究

为更加深入地研究中小型零售商如何应对重大公共事件带来的严峻考验，以及了解中小型零售商如何在 2020 年这一特殊时期利用自有品牌来获取竞争优势，我们选取了两家标杆企业进行了实地调研和深度访谈，形成了两组案例研究。这两家企业分别为蚂蚁商联和首航超市，它们针对自有品牌做出了良好的应对反应并取得了积极的市场反馈。我们希望通过本章内容从具体直观的角度展示中小型零售商在这一特殊时期的努力，并为行业提供有益的借鉴。

 7.1 蚂蚁商联案例

7.1.1 企业背景

企业简介。蚂蚁商业联盟（简称蚂蚁商联）是由来自中国 6 省份的 12 家商业连锁企业共同组织成立，企业本着"蚂蚁商联、同心共赢"的理念共同组建而成，是家综合性联盟合作机构，致力于营销运营。联合采购、商品研发、培训咨询等。联盟以同心共赢的价值观，整合优势资源，以四个服务方向、四个重点项目、三个系统平台、两种合作模式为会员企业提供商品、联采、咨询和培训的服务模式。蚂蚁商业联盟宗旨就是秉承同心协力打造中国自有品牌研发中心，集合力量实现联合采购成本最优化，组织管理咨询和专业培训，共享行业大数据分析，促进企业发展经验交流，实现全方位合作与多边共赢。

蚂蚁商联愿景、使命、核心价值观。愿景：成为全球中小零售企业资源共享中心。使命：同心协力做实业，共享成果再发展。核心价值观：同心共赢。

蚂蚁商联成员企业。截至 2020 年 6 月，蚂蚁商联的成员企业达到 59 家，分布在全国 23 个省（自治区、直辖市）。

蚂蚁商联自有品牌开发。蚂蚁商联自成立以来先后开发了"我得""极货""争牛""约一下""功本""即畅"和"饕厨"七个自有品牌。2018 年 6 月，蚂蚁商联推出食品经营类品牌"我得"，截至 2020 年 7 月，"我得"已成功上市194 支单品；2019 年 3 月，推出非食品类品牌"极货"，主要经营生活用品；同年 12 月，蚂蚁商联推出了两个白酒品牌"争牛"和"约一下"；2020 年，蚂蚁商联开发了两性健康类产品品牌"功本"、电子雾化烟品牌"即畅"以及厨房餐桌场景解决方案类产品品牌"饕厨"。

7.1.2　蚂蚁商联自有品牌发展现状

2020 年 9 月，研究团队访谈了蚂蚁商联的 4 位高管，了解蚂蚁商联自有品牌的发展现状，通过访谈得出以下有效结论：

第一，自有品牌的经营随着疫情的变化不断地进行动态调整。2020 年这一特殊时期非食品类增长波动较为严重，主要分为以下阶段：① "不了解病毒，研究如何应对"阶段：蚂蚁商联第一时间联系工厂，保证产品库存，并将部分产品第一时间赠送到成员企业。② "防止扩散，严格控制"阶段：蚂蚁商联主要围绕防护开发了 84 消毒液、酒精喷雾、免洗凝胶、口罩、含 75 度酒精湿巾等防护卫生产品。③ "风险得到控制，复工复产"阶段：蚂蚁商联产品开发策略从环境防控转变为个人防控，开发了抑菌系列，主要是抑菌洗衣液、抑菌香皂以及抑菌洗手液等。④ "内防反弹，外防输入"阶段：2020 年上半年，国内大部分企业的周转不良，直接导致老百姓手里没有钱，消费降级，因此蚂蚁商联开发出了超级性价比的产品。

在食品品类上，由于大家无法外出，"我得"开发了可以在家食用的自热系列产品。2020 年上半年，"我得"更加注重产品的可食用性，开发方向从集中在休闲食品转变为冲调饮品，如方便系列或燕麦片系列等民生物资类产品。随后，蚂蚁商联的产品开发策略主要改为扩充单品和品项，如增加了即食的水果燕麦片、坚果燕麦片等。由于蚂蚁商联的联盟企业大多位于三四线城市，因此在产品开发过程中会更加注重产品的性价比，以开发大包装的产品来满足消费者对于性价比的需求。

第二，蚂蚁商联消杀类产品价格大幅上涨。2020 年上半年，蚂蚁商联的食品类产品没有进行价格调整，主要价格波动在非食品类，以口罩、湿巾和纸品为主。由于特殊时期，消费者对于口罩、湿巾等产品的需求量激增，熔喷布、无纺布、原浆纸等材料严重短缺，导致产品价格上涨。例如，无纺布早期的价格大约为每吨6000元，但是在3月初期无纺布的价格为16000元/吨。但是到了3月下旬，出口市场被关闭，做出口生意的工厂有大量囤货却没有销路，来寻求蚂蚁商联帮忙出货，因此原材料价格有所下降，大约为11000元/吨，但依然比同期高一倍。随着复工复产，生产稳定后，蚂蚁商联及时进行价格调整，一片口罩由2.9元下降为0.2~0.3元，根据市场的情况进行及时变动。

第三，"我得"销售业绩增长最快的产品为肉脯和果干，"极货"销售业绩增长呈阶段性变化。①"我得"产品业绩增长最快的是肉脯和果干。这两款产品在休闲食品的销售中一直处于前三的位置，究其原因，首先可能是很多人在家比较无聊，需要一些休闲零食去打发时间。其次现在消费者比较偏向于重口味的产品以及深加工的产品。由于消费者对休闲食品的购买一般是属于冲动性消费，加之休闲食品的试错成本较低，不会对生活造成负担。②从休闲食品的销售业绩上来看，3~4月增长很快，5~8月较为平淡，增长缓慢，9月又明显增长。原因主要有两个：一是开学季的影响，二是从9月开始是商超的销售旺季。因为从9月开始节假日会特别多，因此需要送礼、囤货等。对于"极货"而言，销售业绩在不同阶段有不同程度的提升。③2020年2~3月，84消毒液、衣物除菌液、免洗凝胶等产品实现爆发性增长。但是到了4月复工复产，免洗凝胶、酒精湿巾等便于携带的产品销售业绩有所增长，在5月时全国基本恢复为平衡期，出现消费降级，蚂蚁商联推出的超级性价比的产品，帮助企业通过价格战去引领市场，打造爆品。以84消毒液为例，原本一家5000平方米的超市，平均一天销售不到2瓶，在这一特殊时期，一天卖了3万瓶。此外，抹布钢丝球在2~3月销售业绩增长较快。其原因可能是人们大多数在家里做饭，造成很多生活垃圾，对于钢丝球、抹布、垃圾袋等与厨房以及卫生清洁相关的产品销售业绩有所增长。④"我得"产品目前在40家门店进行销售，2020年3月以来，诸暨一百、海南阳光、江西旺中旺等企业的销售业绩较好。这取决于联盟企业的重视程度，没有什么地域性的差别。2020年3~7月，"我得"产品销售业绩增加了50%以上。"极货"产品目前在43家企业进行销售，销售业绩较好的门店与"我得"类似，如诸暨一百、江西旺中旺等。这些企业销售好的原因主要在于企业的配合度以及对自有品牌的重视程度，如江西旺中旺在4月加入蚂蚁商联后，从上至下全力把蚂蚁商联的产品当成自己的产品来操作，销售业绩实现爆发性增长。

第四，蚂蚁商联产品促销方式增加了小视频机和试吃架。2019年，蚂蚁商联一行人去日本超市参观发现了在货架上面的小视频机，回来后进行落地实施，用于自有品牌商品的宣传促销。小视频机主要用于循环播放产品的卖点，加工工艺以及口感，通过15~30秒能够把产品介绍清楚，让顾客能够通过在短时间内去了解这款产品，产生购买想法和欲望。这种轻资产的促销方式替代了促销员、促销宣传等高成本促销方式。

第五，蚂蚁商联开放线上渠道服务成员企业。由于"我得"和"极货"加起来一共有700多个SKU，在联盟企业当中需要由不同的采购去负责，为了提高订单时效性，蚂蚁商联在线上增加了针对成员企业的微信小程序，鼓励成员企业用小程序下单。下单之后，成员企业可以在小程序上看到这款产品下单成功与否、工厂发货与否、查询物流信息等。减少了上下游企业沟通的时间和成本。

此外，成员企业还增加了拼团直播带货等渠道，借助微信的生态圈来宣传自有品牌。例如黄商在7月开展了自有品牌直播，在4个小时内实现销售额40多万元。直播的产品主要是与消费者生活息息相关的一些商品，如家庭装牙刷、纸品类、小苏打洗衣液等。

第六，更优质的供应商寻求与蚂蚁商联合作。①2020年上半年，蚂蚁商联与成员企业之间的交流和默契度越来越高，成员企业更愿意去信任蚂蚁商联的产品，订货的频率和沟通频率都有所增加。也有越来越多的企业想要加入蚂蚁商联来获得在当地独有的竞争力。②2020年上半年蚂蚁商联与自有品牌的开发商和供应商的关系得到一定程度的促进。尤其是一些做出口的企业，在这一特殊时期希望与蚂蚁商联合作来开发国内市场。例如，炒货行业中的一个品牌之前拒绝了蚂蚁商联的合作请求，但是2020年主动找蚂蚁商联谈合作。在2020年上半年，双枪董事长与蚂蚁商联洽谈合作，使"极货"的竹制品从质量到设计有所提高。③2020年上半年跟供应商合作之间主要存在两个问题：第一个是工厂开工问题。在这一时期的特殊情况下，工厂开工存在一定困难，一方面有些工人到达不了，另一方面工厂开工需要政府审核。还会出现工厂开工率不足，效率低下的问题。第二个是物流问题。受这一特殊时期的影响，物流非常紧张，这也对蚂蚁商联和供应商之间的交货运输造成了阻碍。所以为了解决这些问题，蚂蚁商联和供应商之间进行多方资源对接，协调车辆，寻找车辆资源和物流资源，积极寻找当地的政府资源去协调工厂开工问题。

第七，蚂蚁商联打造"蚁店"为成员企业提供全面解决方案。"蚁店"并不是一家实体店，而是蚂蚁商联与企业共同解决经营问题的组织，是为企业更好地销售自有品牌提供的系统经营的全面解决方案。主要围绕八大销售场景大/中/小便利店、线上、收银台、面销、全员营销的组合场景，建立员工销售联合自有品牌商品的学习培训场景和样板门店，实现品牌的宣传打造，带动联合自有品牌的顾客认知力和影响力。

对于蚂蚁商联来讲，打造"蚁店"属于轻资产运作，不会给蚂蚁商联带来成本负担，主要是为了从战略、文化多个角度把自有品牌落地到成员企业，落地到门店。蚂蚁商联每个月有一个商品大课，同时 5000 人在线听课，课程内容主要涉及商品介绍、陈列指导、运营方法、营销方法等。受这一特殊时期影响，线上开会的频率大大增强，使蚂蚁商联与成员企业的交流更加的密切。目前，"蚁店"已经在蚂蚁商联的两家企业 6 家门店落地。"蚁店"的效果显著，以金好来为例，"蚁店"打造前后一个月对比，自有品牌销售提升了 82.39%。

第八，蚂蚁商联积极履行社会责任。在 2020 年上半年这一特殊时期，蚂蚁商联及成员企业众志成城，共克时艰，勇担社会责任，积极保障市场基本供求的稳定，保证消费者最基本的消费需求。①安全培训。为了保护好员工和顾客的安全，蚂蚁商联第一时间组织了相关的培训内容支持成员企业进行全员培训，并面向成员企业编辑发布相关专题知识进行测试。通过培训和考试，来强化成员企业的安全工作。②捐赠物资。为帮助大家一起度过这一特殊时期，蚂蚁商联在全国范围内寻找能够支援物资流通的车辆以及物流承运平台，得到了物流平台上 5 个物流承运商的积极响应。随后向湖北地区蚂蚁商联成员企业、湖北黄冈地区医院以及武汉地区中国人民解放军中部战区总医院捐赠消毒液、白醋等安全防护用品。③加强合作。2020 年上半年，蚂蚁商联发起支援湖北的行动，优先与湖北企业合作，联合采购湖北黄冈的大米，在首航超市进行义卖活动。从资源方面，蚂蚁商联为湖北籍的成员企业捐赠消毒液，也为当地的一些医院捐赠物资。还会帮助农民解决菜品滞销、物流问题。2020 年上半年，蚂蚁商联临时对零售同行开放，为非成员企业提供防护用品。这些行为为蚂蚁商联带来了积极的影响，加百乐超市、旺中旺都是在对外开放资源的时候选择加入了蚂蚁商联。

7.2 首航超市案例

7.2.1 企业背景

北京首航国力商贸有限公司创立于 1995 年 9 月 1 日，企业前身为首都航天机械公司生活服务分公司，公司是以生鲜食品超市和社区超市为主要经营方向，有限责任性质的零售连锁民营企业。自公司创立以来，已经走过了25年的发展历程，现在有61家门店，首航的年销售额是京客隆的1/3，并拥有一个上万平方米的现代化物流中心。从2002年开始，企业已经进入国内连锁业百强企业行列。在2004年度全国百强连锁企业排名中，名列第90位。在2006年度全国百强连锁企业排名中，名列第82位。2008年，企业完成销售近8亿元。2011年实现销售8.3亿元。2010年公司确立了以连锁店经营管理、首航物流与商品批发、首航加盟和物业管理为核心的业务发展三大方向。

企业坚持以生鲜食品超市和社区超市为经营核心，致力于创造"首航特色"的生鲜食品超市标准，形成了生鲜经营、商品齐全、物美价廉的经营特色。首航超市地域集中，特色鲜明，"小而美"的经营理念深受顾客青睐。首航人本着"敬业、进取、相互团结；互助、互利、共同发展"的企业精神，秉承"创新是魂，服务是金；以人为本，永续经营"的企业理念，从一家小型商店开始，发展到拥有生鲜食品超市、便利超市和综合超市，员工千余人，经营网络覆盖北京，经营范围涉及生鲜食品、副食品、日配品及针织百货等九个大类两万多个品种的大型超市。目前，首航超市构建了从生到熟的品类结构，来满足社区居民的一日三餐需求，努力打造社区居民后厨房的概念。日料、炒菜、主食、便当等各式即食类商品是首航超市的经营模块之一，每天为近十万北京家庭提供了日常生活用品，可不断满足消费者高质量的生活需求，在顾客中拥有良好的口碑，深受顾客的喜爱。

2018年，首航国力与王府井签署战略合作协议，共同发展连锁超市。随着中国零售市场和消费需求发生深刻变化，品质消费、绿色消费、体验消费、便利消费、个性化消费正成为主流。从超市业态发展趋势上看，连锁化、规模化、细分化、专业化是连锁超市企业的必然选择。在此背景下，王府井与首航国力签署战略合作协议，共同成立合资公司在北京及全国部分地区发展连锁超市。战略合作是双方运用资本助推、跨界融合、开放合作、专业化运营的方式，实现实体零售企业创新转型。双方组建合资公司将以"王府井首航"为商业品牌，以社区生鲜超市、连锁综合超市、社区型购物中心为主营产品线，并致力于新零售模式创新。此次合作是积极探索新型社区商业发展新路径的具体措施，对公司未来发展具有重大的战略意义。

2020年，首航与全球蛙开启战略合作。2020年8月31日，由全球蛙为北京首航超市免费打造的"sofly首航优选"小程序正式上线，到店自提、直播拼团、工厂直发等多种功能同步上线；线上线下 O2O 商品、同城异业 O+O 功能，海量精选的 C2M 全球好货，全球蛙联手首航超市为顾客提供了多样化的商品与体验。据统计，活动当天开团仅 1 小时销售额就突破了 100 万元，最终销售额突破 175 万元，175% 超额达成销售目标。

7.2.2 首航的经营特色

第一，接地气、聚人气、小众化的经营特点。首航超市在商超零售行业一直在走差异化路线，接地气、聚人气和小众化是首航超市一贯的一大特点。

"有烟火气"是首航超市的一大特点，核心是首航超市的熟食做得很好。2005 年首航超市就开始做熟食快捷食品，有两个优点：首先是口味、新鲜度都要足够好；其次是做到日清。因此，首航超市拥有老中青少全覆盖的顾客群，具有较强的集客能力。除此之外，首航超市每逢节日会举办"聚人气"的丰富活动，首航超市曾与"一加一天然面粉"合作开展包饺子活动，引来了市民的关注，充分调动顾客的积极性，以互动的方式让更多消费者参与进活动当中，起到了引流、聚人气的效果。

特色商品是首航超市的另一大特点，是其差异化路线的一大保障。首航超市门店虽不大，但是给顾客的感觉是"有的逛，有的买"。据了解，首航超市的特色商品在北京占比 2% 左右。从整体看，虽然首航超市的冻品货架排面和商品资源看上去比一般超市小很多，但可选择的品牌和价格、口味可选余地较大。其他超市有的口味和品牌，首航也都有，只是精简排面，但顾客如果想吃别的口味，到首航才有的选，能更增加黏性。而这几乎是首航超市所有商品的选品原则。例如在首航超市，消费者能够买到青海的菜籽油、火腿，以及在北京只有在首航超市才能买到的精炼猪油。

此外，首航注重消费者味蕾的不同体验，商品推新能力强。首航超市按消费者需求主要可分为三大类商品，分别是日常高频刚需商品、进口商品和网红商品，像柴米油盐、大米、面粉（尤其是主打中高端人群，无任何添加剂的一加一面粉）等日常商品占整个门店品类比例为 2/3，进口与网红商品则为 1/3。其中，进口商品的主要来源国是韩国、日本、东南亚、欧美等，陈列面积不大，但贵在品类全。

第二，社区平台营销新亮点——聚焦、增量。2020 年上半年，全球经济受到严重的冲击，中国的零售行业也经受了不同程度的损失，中国零售市场在经历冲击过后也带来了消费升级的新机遇。在这一时期，首航超市顺势而为，通过全渠道数智化转型升级，改变了当前的生意困局。首航超市借助线上这一优势条件于 8 月 31 日与全球蛙合作推出"sofly 首航优选"小程序，48 家门店同步开展拼团活动。

目前，首航超市主要采用社区拼团的方式进行营销，以打折的策略为主。其平台上现有 300 多个团，10 万人的粉丝，覆盖了高中低及老少和年轻群体。与京客隆等超市的团购形式不同，首航超市的"sofly 首航优选"线上平台采取到店自提、直播拼团、工厂直发的方式，以线上线下 O2O 商品、同城异业 O+O 功能，海量精选的 C2M 全球好货的模式，为顾客提供多样化的商品与体验，让顾客拼团更便捷，足不出户选购超值好货。其中，首航超市采用的顾客自提"到点不到家"的产品集中于生鲜品类、肉类和水货，这样的方式可为门店起到引流的服务效果。

据首航超市采购总监李总介绍，首航超市社区拼团的特点在于"聚焦+增量"。首先是"聚焦"，与其他平台不同的是，其他平台的单品会有上百个，而首航每一次只做 16 个单品，做到产品的精选，为顾客提供优质好物。其次是"增量"，增量指增加新的品类，如摩飞的锅、戴森的吹风机、剑南春的酒等。在活动期间，摩飞的锅销售额可达近 100 万元，469 元的酒在社区拼团平台只卖399 元；3000 多元的戴森吹风机在平台上能达到一天 50 多台的销售量。此外，首航还专门聘请了文案人员和设计人员对"拼团"界面进行优化，丰富内容，明确传达商品信息，加强消费者的购买体验。因此，首航超市在社区平台营销方面通过价格和商品宣传实现销量和业绩的增长，其一个月可达 460 多万元销售收入，占全年总收入的 3%左右。

对于首航超市来说，社区平台拼团的营销方式以好品质和实惠的优势拉近了首航超市与消费者的距离，与消费者之间构筑紧密的沟通桥梁。

7.2.3　首航自有品牌

7.2.3.1　首航自有品牌发展

（1）生鲜的自有品牌发展。1995 年，第一家首航超市以联营模式开始经营，和大部分同时期起步的北京超市相同，联营模式下首航很难掌握生鲜经营权。2000 年后，首航拿回生鲜经营权，开始自营阶段，但仍未触及生鲜商品的核心本质，生鲜经营发展受到极大的制约。2006 年，首航进行生鲜自采，从单独的联营商供货、批发市场供货，到采购人员走出去到全国各地采购。2010 年，首航牵头成立生鲜联采平台——九州兄弟联，目前已包括 30 多家成员企业，接近 200 余家会员企业。2017 年开始提出社区团购经营，正式进入精细化阶段。2018 年，首航开始收割"成果"，销售额达 15 亿元，生鲜商品占比 38%，日配商品占比 22%，其中生鲜商品毛利可达 20% 以上。选品、品控、供应链等因素让首航充分认识到，生鲜必须作为超市的"一把手工程"。

（2）熟食的自有品牌发展。首航超市熟食是门店自营，现场加工，现制鲜售。且早在 2006 年就单独成立了专业公司，独立核算，专业做熟食、加工类食品——百味翊航。最早首航是通过联营做熟食档口，但联营有比较大的问题。首先是联营档口不稳定，联营商通常想做大店不想接小店（量小）。其次是品控挑战较大，会因为价格竞争忽略品质。如此对超市门店整体集客和销售影响就很大。尤其是因为联营熟食档口在管理上的疏忽，曾导致舆论对包装熟食负面较多。

所以，首航超市随后确定，要增强集客能力，还是要自营熟食。在门店现场加工，现制鲜售，也能给顾客较强的体验感。首航超市从中式厨房、糕点开始，一步一步尝试，如今首航超市大店还有烘焙专区。

7.2.3.2　首航自有品牌的差异化特征

（1）"小而美"的发展路线。首航超市是拥有 25 年发展历史的民营企业，目前以商超业态为主，发展较为稳健。据首航超市采购总监李总介绍，首航超市一直以来把自己定位为"强壮的小个子"。

首航超市目前有 61 家门店，北京地区有 51 家，集中于丰台、通州和大兴区域的北京南部市场，大多数是 500 平方米以下的门店。首航超市在 2018 年与王府井合作的联合品牌"王府井首航超市"主要聚焦于北京之外的市场。在营业规模方面，首航年营业额不到 20 亿元，是物美、京客隆等国企超市的 1/3 左右。

首航超市的旗舰店——七里庄首航生活广场是首航超市首家百货业态，也是首航超市进行业态转型的新尝试。首航生活广场使用面积 1584 平方米，日均营业额 32.7 万元，年营业额 1.2 亿元，是集团旗下北京地区 51 家门店中的第一位，属于首航商超体系内的 D 类店——生鲜加强型门店。七里庄店延续了首航一贯的"生鲜+食品"定位，同时品类也更为齐全，涵盖生鲜、食品、主食、熟食、面包坊、便当、快餐等加工日配，单品数有 13000 支。首航生活广场店内商品 98% 全自营，蔬果 70% 全由基地直采，高比例的自营和直采为七里庄店内商品品质、口感和食品安全保驾护航。

首航超市的生鲜和熟食自有品牌呈现的特点有：

其一，生鲜。生鲜是首航超市在社区市场舞得漂亮的"双节棍"——既集客，又有高的毛利贡献。首航超市从 2000 年开启自营生鲜试点，2 年后全面实施生鲜自营。据统计，蔬菜水果、（猪牛羊）肉禽蛋、水产等生鲜"三品"，在首航超市销售占比到 38% 左右。

生鲜产品做得好得益于以下几点：首先，从消费者来讲，买生鲜是一个习惯的问题。基于此，首航超市生鲜商品的定价，完全是按照自己的加价率方式走，几乎不看外面的市场价。其次，每个顾客都有对美好生活的追求，对好商品都会有需求。基于此，首航超市大部分商品都来自直采原产地。首航超市坚持选货真价实的品质好货。最后，首航超市是真正做靠规模赚差价的零售生意，很少挣卖货架、卖排面的品牌陈列费。总之，首航超市大量生鲜直采，保证了品项丰富和价格的竞争力。

其二，熟食。"有烟火气"是首航超市的一大特点，核心是首航超市的熟食做得很好。首航超市做熟食有两个优点：首先是口味、新鲜度都要足够好；其次是做到日清。中国生鲜零售市场最具挑战、最难经营的部分是熟食、水产两个品类。熟食目前在首航超市整个中式日配商品中的销售占比达 20% 左右。整个熟食首航自己加工有 40% 的整体毛利。熟食毛利有 20 多个点，去除人工后净利能有 10%。

首航超市的熟食是门店自营，现场加工，现制鲜售。且早在 2006 年就单独成立了专业公司，独立核算，专业做熟食、加工类食品——百味翊航。

首航超市的熟食业务最早是做联营熟食，但联营有比较大的问题，如存在联营档口不稳定、熟食经营成本高、法律法规管控门槛高等。因此，为了降低制作成本，对售卖产品拥有实施管控能力，让熟食、半成品等更标准化，增强门店的集客能力，首航超市开始自营熟食，在门店现场加工，现制鲜售，可以给顾客较强的体验感。

（2）自有品牌成为首航超市成本竞争、差异化战略的主战场。中国零售市场起步较晚，目前处于快速发展阶段，竞争对手蜂拥而至，行业竞争激烈。与此同时，制造商商品在占据中国有利位势，使得零售企业受制于供应商，造成较大的议价压力，毛利空间较小。

零售行业市场空间有限导致激烈的行业竞争，价格战成为企业参与竞争最常用的方式，而价格战的恶性竞争势必会损害企业利益，只有差异化才能让企业保持持久的竞争优势。因此，面对行业形势，在价格战的威胁和差异化优势的推动下，催生了首航超市自有品牌商品的开发。首航超市自成立以来致力于社区商超，为周边居民提供物美价廉的商品。目前首航超市自有品牌商品全年有 600 万元营业额，主要以食品类为主，肉类产品以"荣翠园"为代表，每年销量 80 万元；熟食类产品以"争上主厨"品牌为主，有 300 个单品。总体来看，首航超市自有品牌商品已成体系化，在中国自有品牌市场上处于领先地位。

首航超市的自有品牌主打食品类产品，集中于熟食类食品。首航生活广场七里庄店利用其有利的地理位置优势，聚焦中老年群体和写字楼白领，开发一系列的食品类自有品牌产品。作为生鲜加强型超市的七里庄店，在加工日配这一模块的特点有以下几点：一是 100% 为自制商品；二是丰富多样、色泽诱人；三是小份包装，满足年轻群体少量购买的需求；四是注重商品质量，迎合新的消费趋势。值得一提的是，首航超市销售业绩最好的产品是"争上主厨"，主打方便快捷类产品，如馒头、包子一类的主食，有 200~300 个单品，全年销售约 4000 万元。其开发的寿司曾花费 300 万元专门请日本师傅进行教学研发，这与首航七里庄首航生活广场的前身——华堂超市有关，保留日式风格的目的也在于留住老顾客。

据首航超市采购总监介绍，首航超市比较有特点的是水果类产品的采集，如火龙果、荔枝、石榴等采取集中采摘的方式进货，免去了中间商过程，建立了现代流通体系、分销渠道，形成了成本优势和差异化优势，让消费者购买到最实惠和新鲜的食材，实现了从产地到餐桌的体系化流程，体现了零售行业渠道、营销方式和模式的变化趋势。

因此，在自有品牌产品方面，其销售量占首航超市总销量的 5%，全年毛利率占比可达 10%。而首航超市售卖的商联非食类自有品牌商品——"极货"年收入达 200 多万元，毛利高达 30%~40%。正是由于首航超市开拓性的战略视野让其能够在零售行业也开辟出一条蓝海之道。

8

结论

本书关注中国中小零售企业的自有品牌在整体发展、运营管理、供应商管理和消费者行为方面的发展规律，旨在通过全面、客观、科学地分析展示中小型零售商自有品牌开发的现状，并帮助中小零售企业发现更具价值的商业规律，为其自有品牌开发与管理提供重要的决策参考。

本书在大数据和小数据分析相结合的基础上探讨中小零售企业自有品牌的发展规律，发现了诸多有价值的结论，例如，①中小型零售商自有品牌毛利率维持高位稳定，2020年上半年实现了同比增长；②中小型零售商自有品牌毛利率大部分处于品类整体毛利率的2倍以上，具有显著毛利优势；③中小型零售商自有品牌开发呈现"药妆"趋向，药妆店或成零售行业新风口；④能从自有品牌中大幅获益的中小型零售商门店不到半数，自有品牌优势有待进一步挖掘；⑤疫情期间自有品牌占据品类、质量和价格优势，但多数中小型零售商门店没能抓住品牌建设的机会；⑥多样化的营销方式可以帮助中小型零售商获取更好的市场效果；⑦零售商联盟组织有力地助推中小型零售企业发展自有品牌；⑧中小型零售商自有品牌的消费者多为高中学历、家庭规模为三口之家或三世同堂、中低收入、偏好特价商品的中年女性。

同时，本书通过典型个案分析探讨了蚂蚁商联和首航超市的自有品牌开发与管理。蚂蚁商联进行了积极的自有品牌开发，上市了厨房餐桌场景解决方案类品牌"饕厨"、两性健康类品牌"功本"和电子雾化烟品牌"即畅"。首航超市则坚持生鲜食品和小而美的鲜明特色，深度开发百味翊航和荣翠园等生鲜熟食类自有品牌产品。通过案例分析，本书试图发现中小企业自有品牌的开发规律，为国内中小零售企业提供更高价值的经验。

本书采取了一手的销售数据和调研数据，旨在呈现相对客观的研究结论。但我们所采取的数据资源同时存在一定局限性。①地域局限。本书中的数据主要来自国内23个省级行政区，主要集中在二三线城市的门店，尚未覆盖北京、上海、广州和深圳等一线城市。②数据完整性局限。当前数据中尚有部分企业没能完全标注自己销售的所有自有品牌，且当前数据仅包括销售数据，缺乏促销、退货等相关信息。③数据层级局限。当前的数据分析层级局限在品类规模上，尚未深入到品牌、单品层级，无法进行更深入的对比分析。④调研样本规模局限。由于数据收集时间的局限性，导致本书的问卷调研数据收集还有所不足。因此，在未来的中小零售企业自有品牌研究中，我们将扩大大数据覆盖的地域范围和有效地增加调研样本的数量和质量，为该研究奠定更为扎实的基础，为中小零售企业的自有品牌决策提供更为完整、更有价值的决策依据。

参考文献

［1］李佩，魏航，王广永，谈丹．（2019）拥有自有品牌零售商的平台开放策略研究．中国管理科学，27，105-115.

［2］李建生，闫传强．（2010）．自有品牌对零供博弈关系的影响分析．中国零售研究，06，42-50.

［3］刘竞，傅科．（2019）信息不对称下零售商自有品牌引入问题研究．管理科学学报，22，39-51.

［4］范小军，黄沛．（2012）自有品牌成功的先决因素和影响效应研究．管理科学学报，15，25-39.

［5］单娟，范小军．（2016）零售商形象、品类特征与自有品牌购买意愿．管理评论，28，85-95.

［6］谢庆红，罗二芳．（2011）．国内外零售商自有品牌发展研究综述．经济学动态，10，99-102.

［7］王勇．（2003）．自有品牌的历史：侵扰制造商的梦魇．中国商贸，09，18.

［8］吴萍．（2019）新零售背景下实体零售的环境分析与自有品牌战略实施路径．商业经济研究，23，57-60.

［9］张庆伟．（2017）．国外自有品牌的演变历史与发展状况研究．商业经济研究，13，37-39.

［10］张赞．（2009）．零售商引入自有品牌动机的博弈分析．财贸经济，04，129-134.

［11］Ailawadi, K. L., Harlam, B. (2004). An empirical analysis of the determinants of retail margins: The role of store-brand share. Journal of Marketing, 68 (1), 147-165.

［12］Amrouche, N., & Yan, R. (2012). Implementing online store for national brand competing against private label. Journal of Business Research, 65,

325-332.

［13］Amrouche, N. , & Zaccour, G. （2008）. A shelf - space - dependent wholesale price when manufacturer and retailer brands compete. OR Spectrum, 31, 361-383.

［14］Deleersnyder, B. , Dekimpe, M. G. , Steenkamp J. -B. E. M. , Leeflang P. S. H. （2009）, The role of national culture in advertising's sensitivity to business cycles: An investigation across continents. Journal of Marketing Research, 46（5）, 623-636.

［15］Groznik, A. , & Heese, H. S. （2010）. Supply chain conflict due to store brands: The value of wholesale price commitment in a retail supply chain. Decision Sciences, 41, 203-230.

［16］Gielens, K. , Ma, Y. , Namin, A. , Sethuraman, R. , Smith, R. J. , Bachtel, R. C. , & Jervis, S. （2021）. The future of private labels: Towards a smart private label strategy. Journal of Retailing, 97（1）, 99-115.

［17］Keller, K. O. , Dekimpe, M. G. , & Geyskens, I. （2016）. Let your banner wave? Antecedents and performance implications of Retailers' private - label branding strategies. Journal of Marketing, 80（4）, 1-19.

［18］Hoch, S. J. , & Banerji, S. （1993）. When do private labels succeed. Sloan Management Review, 34, 57-67.

［19］Herstein, R. , Drori, N. , Berger, R. , & Barnes, B. R. （2017）. Exploring the gap between policy and practice in private branding strategy management in an emerging market. International Marketing Review, 34, 559-578.

［20］Lien Lamey, Barbara Deleersnyder, Jan-Benedict E. M. （2012）. Steenkamp and Marnik G. Dekimpe The effect of business-cycle fluctuations on private-label share: What has marketing conduct got to do with it? Journal of Marketing, 76（1）, 1-19.

［21］Lamey, L. , Deleersnyder, B. , Dekimpe, M. G. , & Steenkamp, J. E. M. （2007）. How business cycles contribute to private-label success: Evidence from the united states and europe. Journal of Marketing, 71（1）, 1-15.

［22］Lupton, R. A. , Rawlinson, D. R. , Braunstein, L. A. （2010）. Private label branding in China: What do US and Chinese students think? Journal of Consumer Marketing, 27（2）, 104-113.

［23］ Mills, D. E. （1999）. Private labels and manufacturer counterstrategies. European Review of Agricultural Economics, 26, 125-145.

［24］ Mandhachitara, R. , Randall, M. S. , Hadjicharalambous C. （2007）, Why private label grocery brands have not succeeded in Asia, Journal of Global Marketing, 20 （2）, 71-78.

［25］ Morton, F. S. , & Zettelmeyer, F. （2004）. The strategic positioning of store brands in retailer manufacturer negotiations. Review of Industrial Organization, 24, 161-194.

［26］ Rubio, N. , Yagiie, M. J. （2009）. The determinants of store brand market share: A temporal and cross-national analysis. International Journal of Market Research, 51 （4）, 501-519.

［27］ Seenivasan, S. , Sudhir, K. , & Talukdar, D. （2016）. Do store brands aid store loyalty? Management Science, 62, 802-816.

［28］ Wu, L. , Yang, W. , & Wu, J. （2021）. Private label management: A literature review. Journal of Business Research, 125, 368-384.

后 记

　　本书的完成要特别感谢首都经济贸易大学的陈立平教授，陈教授对于中国的零售行业拥有丰富的理论和实践经验，不仅为我们提供了很多行业相关的宝贵洞见，在报告形成过程中给予了诸多帮助和指导，还协调安排了标杆零售企业的实地参访，为本书的形成做出了重要的贡献。我们还要特别感谢首都经济贸易大学的黄苏萍教授，她在本书的思路构建和调研规划方面提供了很多有力的帮助，并为本书的出版提供了大力支持。

　　我们还要向蚂蚁商联（郑州蚂蚁合众商业管理有限公司）董事长吴金宏、副总经理金光、产品服务中心总监徐发春、助理总监陈佩佩、助理总监周小波、我爱自有品牌（郑州孜优信息技术有限公司）安琪和卢新伟表示由衷的感谢，感谢他们在数据收集和研究传播方面给予的鼎力支持。

　　此外，我们还要感谢马上赢（北京码上赢网络科技有限公司）首席执行官王杰祺在数据资源方面给予的大力支持，感谢北京首航国力商贸有限公司采购总监李荣华在实地考察和访谈方面给予的大力支持。